面對職場討厭鬼的精準回話術

職場の嫌な人から自分を守る言葉の護身術：ムダに「反応しない」。ムダに「争わない」。

職場霸凌專門律師
後藤千繪 著
蔡麗蓉 譯

前言

無法溝通的人，別白白浪費時間、打壞情緒！

《面對職場討厭鬼的精準回話術》——如果你看到這個書名後，會想起職場上的某個人，感到火冒三丈、唉聲連連，請一定要來讀這本書，絕對會有所幫助。

我的職業是律師，主要業務是協助處理離婚及繼承等家事案件。不過，最近我發現一個現象，就是對於職場討厭鬼的諮詢數量突然急劇增加。

「莫名其妙一直被對方吹毛求疵」、「上司老是用指導的名義，說些酸言酸語」、「被人以否定人格的言語侮辱」、「遭人在背後說自己壞話，還試圖扯後腿」、「沒事就愛展現優越感」……。

前言

越來越多的人由於不知該如何解決，只能默默承受著不同立場、不同年齡的討厭鬼，諸如上司、前輩、同事、後輩等人的攻擊。

「無法原諒那種沒禮貌的說話方式！」、「受不了那些毫不顧慮別人感受的行為！」

雖然內心深處這樣想，卻無法反駁，心裡一直覺得很懊惱……，我十分理解那種心情。其實，我也曾經在職場上遇過討厭鬼，當時也感到很苦惱、很氣憤。

然而，正是因為如此，我才想要建議大家——

「絕對不要再忍耐了！因為默默忍受討厭鬼不講理的攻擊，根本沒有任何好處。」

那麼，實際上應該怎麼做呢？本書會為大家彙整出一些簡單易懂的方法。

根據我的經驗，職場上的討厭鬼大致上可以分為七種類型。

（1）理由伯，（2）自我中心，（3）狂刷存在感，（4）慣性遷怒，（5）完美主義者，（6）愛比較，（7）惡霸老鳥。

想要保護自己免於受到職場討厭鬼的傷害，必須了解這七種類型的特徵；只要了解之後，很容易就能想出解決對策，不需要再害怕了。

學會應對七大討厭鬼的基本做法後，接下來就要進入實戰的部分。本書將列舉出每個職場都會遇見的二十六種場景案例，並為大家示範針對各種場景都能保護自己的「精準回話術」。

省下力氣不做回應、省下力氣不去爭論——這是本書希望傳達給所有上班族的應對重點。

並不是與對方正面交鋒，而是「閃避、敷衍了事、時而利用」對手的攻擊，這是最合理的做法。舉例來說：

- 對方一直莫名其妙吹毛求疵↓轉移爭論的焦點。
- 如何讓態度嚴厲的資深老鳥變成自己人↓以「共同點」做為突破口。
- 被人侮辱時↓**先等幾秒鐘，再強力反擊**。

諸如此類，我將會為大家介紹許多聰明的回話方式，做到「不爭論、不

前 言

回嗆、避免衝突的聰明回話」、「不內傷、不引戰、一句話強力回擊」、「不委屈、不吃虧的主動反擊」。

請大家一定要學會保護自己的精準回話術，讓辦公室中有關人際關係的煩惱一掃而空；只要職場上的人際關係獲得改善，等同於大部分的煩惱都得到解決。不管是工作或人生，一定都能有突破現狀的改變！

律師　後藤千繪

目錄 CONTENTS

第1章 七大類職場討厭鬼完全解析

第2章 回應霸凌時，不嘴軟的10個練習

第3章 不爭論、不回嗆，避免衝突的聰明回話

第4章

不內傷、不引戰，一句話強力回擊

第5章 不委屈、不吃虧的主動反擊

第1章

七大類職場討厭鬼完全解析

比起職權騷擾，更容易內傷的「職場霸凌」

不管在任何職場，一定都會有一個討厭鬼。

總愛嫌東嫌西的上司，事事挑剔：「怎麼什麼事都做不好？」、「你明白我（說）的意思嗎？」

難溝通又好辯的後輩會當面質疑：「為什麼一定要這麼做？」、「請你解釋一下原因。」

同事會裝成好朋友的樣子，卻偷偷背刺你：「那個人是靠關係進公司的。」、「他唯一的可取之處，就是那張臉。」

請特休時，會遭同事挖苦：「真好，我也好想休假喔……」還有提問題的時候，對方會不耐煩地咂嘴，一副被人打擾的模樣……。

在你的工作環境裡，是不是也有一、兩個類似上述行為的人，讓你忍不住想：「這不就是一種騷擾嗎？」

事實上，許多討厭鬼的討厭行為（騷擾），至今依然在職場中悄然橫行。經過修正的勞動政策綜合促進法、俗稱「職權騷擾防制法」[1]開始實施之後，要求大企業自二〇二〇年六月起，小企業自二〇二二年四月起，必須採取職權騷擾防制措施。

對此，各家企業紛紛展開了因應對策，結果與同期相較之下，職場上的「職權騷擾」件數雖然開始減少了，但是並沒有完全消失。

順帶說明一下，職權騷擾是指一個人在職場上處於優越地位，卻藉此在

1 注：因應民情需求，日本政府於二〇一九年修訂勞動政策綜合促進法，明文規範職權霸凌行為，並由厚生勞動省發布個案判斷參考的相關指引。

超出適當範圍下，造成別人精神上或身體上感到痛苦的行為。具體來說，就是謾罵、暴力、提出無法實現的過分要求、給予對方過低的評價……這類的騷擾行為。

但在另一方面，目前已經廣為人知的「道德騷擾（moral harassment）」案件卻也有增加的趨勢；**這是指透過言語或行為，在精神上逐漸將對方逼入絕境，使其灰心喪志並受到傷害的騷擾行為。**

例如無視對方、在背後說人壞話、否定對方的人格、一味指責對方的過錯、交派給對方無法一個人完成的工作量……諸如此類，簡單來說就是「精神上的騷擾」，也就是「成人霸凌」。

難以舉證，但確實發生的精神騷擾

由於職權騷擾常伴隨大聲怒罵、謾罵及暴力，因此很容易浮上檯面，相對來說，道德騷擾則多半是精神上的騷擾行為，因此往往具有隱密而難以顯現的傾向。

此外，職權騷擾主要是上司利用優勢地位或立場，對下屬所做出的行為，**反觀道德騷擾則是由同事或後輩所做出的行為，與地位及立場沒有關係，相較之下隱密而難以察覺**，可說比職權騷擾更難應付。事實上，近年來因道德騷擾（成人霸凌）而備感困擾的人，一直在增加當中。

根據厚生勞動省的調查顯示，直到二〇一一年為止，有關工作條件的諮詢問題，最常見的就是和「解僱」有關。然而，在接下來的十年內，「騷擾、霸凌」的諮詢案件數量不斷增加，成為最多人諮詢的問題（根據《二〇二一年個人勞動爭議解決制度的執行情況》）。

提到職場上的騷擾，絕大多數都屬於低階的行為，最常見的例子就是「遭人排擠」。只不過，即便是如此，如果周而復始或是持續較長時間的話，會不斷累積精神上的損傷，並且漸漸對工作造成影響。

道德騷擾的特徵，就是像這樣慢慢地將對方逼入絕境，再試圖按照自己的想法控制對方。本書將會一併探討這類涉嫌道德騷擾的加害人，以及職場討厭鬼，他們的騷擾行為也等同於霸凌，因為攻擊都是針對某一個同事（你）而來。

如果有一個「道德騷擾加害人」就坐在自己旁邊，或是必須在工作上有所接觸的話，那就是一件很嚴重的事，說不定會對你的工作及私生活，帶來很大的傷害。

該如何應付職場討厭鬼，是一個值得所有上班族認真思考的迫切問題。

對付這些職場討厭鬼，從了解他們開始

在職場上會不會遇到「討厭鬼」，關乎一個人的運氣問題，無法避免。我們要學會的其實就是以下這兩件事——

- 如何應付討厭鬼？
- 如何保護自己免於受到討厭鬼的傷害？

雖然我們無法預先避開討厭鬼，但是可以採取對策、防止進一步的騷擾行為，以保護自己。具體來說，應該怎麼做才好呢？

首先，從分析這些職場討厭鬼開始。**充分了解對方的心態，就是保護自己免於受到他們傷害的第一步。**

當你不清楚整體局勢時，往往會將對方想像成一個巨大的怪物，產生不必要的恐懼。然而，當你能夠以某種方式掌握對方的真面目，就會發現自己一直在害怕的這個人，竟然意外地渺小。如此一來，你就不會被恐懼所束縛，而能冷靜地因應一切。

這一點，我可以用自己的親身經驗來證明。

討厭鬼都是內心有弱點的人

我現在是一名律師，還經營一家律師事務所，主要針對道德騷擾案件為許多人提供諮詢服務。不過，我是在年過四十歲之後才當上律師，在這之前，我曾經做過許多工作，也經歷過各式各樣的職場騷擾。

道德騷擾有一個特徵，那就是通常由同事或後輩發起，與地位及立場毫無關係，不過騷擾的對象卻很少會針對上級。這種騷擾，絕大多數都是針對處於弱勢的人，例如：新進員工、調職員工、派遣員工、打工人員或是兼職員工等等。

我剛畢業進入一家產險公司工作時，只因為我是一名綜合職[2]的女性員工，就被男性員工瞧不起，甚至還遭到他們的言語譏諷和騷擾。後來在我擔任派遣員工或兼職人員的時期，也曾經被同事霸凌，遭到正職員工排擠。

騷擾或霸凌的原因，往往令人匪夷所思。當時這些事總讓我相當煩惱，因為不知道自己哪裡做錯了，也不知道該如何是好。

為了尋找解決的辦法，我當時幾乎讀遍了所有由精神科醫生所撰寫、主題有關霸凌的書籍。幸好這麼做都是值得的，因為這些書讓我了解到，會騷

2 注：「綜合職」以臺灣的對應工作內容來說，會比較偏向管理階層和儲備幹部的工作。

擾以及霸凌的人當中，可以分成幾種類型。

至今仍令我記憶猶新的是，對於當時因為遭受騷擾而獨自煩惱不已的我來說，**只要知道騷擾加害人的類型和特徵，心情上就會輕鬆許多。**了解對方的特徵後再採取對策，這樣就不會覺得難以應付了。

目前飽受職場討厭鬼折磨的你，請先掌握他們的類型，挖掘出對方的真面目。事實上，職場討厭鬼大致上可以分成以下七種——

1 理由伯：千錯萬錯，都是「別人的錯」。

2 自我中心：希望事情照自己的意思去做。

3 狂刷存在感：希望多被誇獎、多被認同！

4 慣性遷怒：把怒氣和壓力發洩在其他人身上。

5 完美主義者：永遠無法原諒別人的過錯。

6 愛比較：總是覺得自己比對方優秀。

7 惡霸老鳥：最喜歡欺負辦公室裡的弱勢方。

第1章

七大類職場討厭鬼完全解析

你能想得到的職場討厭鬼，應該都是屬於這七種類型之一，其中應該也有一些難應付的對手，會兼具多種類型的特徵。

接下來，我將針對這七種類型的特徵與對策逐一說明，建議大家可以一面想著職場上的討厭鬼，一面繼續讀下去。只要了解對方屬於哪一種類型，相信你就不會再出現無謂的恐懼，心情也會輕鬆許多。

類型 1

理由伯

千錯萬錯，都是「別人的錯」

在職場上，若從未遇過這種「千錯萬錯，都是別人的錯」的理由伯，算你運氣很好。每個工作環境中，幾乎都會出現一個這種類型的人。

舉例來說，假設幫銷售人員排班的負責人，在部門排班表中輸入錯誤，導致客戶重複預約。如果這名負責人屬於「理由伯」類型，要讓他承認錯誤，有如登天難事。

就算你指出錯誤的地方，他還是會說：

「我都有輸入正確喔！說不定是後來有其他人輸錯了吧？」

「總之不是我的問題。」

諸如此類百般藉口，就是想讓自己的行為正常化。

說得極端一點，這種人的想法就是：「我已經這麼努力工作了，所以不是我的錯！」

在讓自己的行為正當化這一點上，是七種類型當中最頂尖的。如果你在職場上有這樣的人在身邊，肯定會對工作造成阻礙，每天都會感到不愉快。

「因為別人的關係，我才會犯錯！」

我見過許多屬於這種類型的人，提到「自己沒有錯」這點時，他們從來不會猶豫，甚至可說是理直氣壯。為什麼他們會如此有自信地堅稱「自己沒有錯」呢？

首先要明白一點，這種類型的特徵，就是自尊心非常強，剛愎自用。他們往往會瞧不起自己不認同的人，也不願意理會對方提出來的意見。就算有人指出他們做錯的地方，也絕對不會承認，總是認定這絕對是其他人的錯。

從因果關係來看，首先他們會從自己的立場出發，認定「都是因為我接了一份絕對會失敗的工作」，所以會很自然地推導出這樣的結論，「我沒有錯」、「一切都是別人的錯」。

常見到許多外遇的丈夫堂而皇之地對妻子說：「都是因為你不好，我才會外遇。」他們的想法如出一轍。

而且，**由於這種人的見識狹隘又剛愎自用，不善於用俯瞰全局的方式去觀察和思考，加上往往目光短淺、思慮不周，於是無法即刻察覺到自己的過錯**，理所當然地覺得是別人做錯了。

因此，他們才會光明正大地主張：「我沒有錯！」

這種類型的人，無論是你的上司、同事或後輩，都會相當麻煩。指出錯誤的一方，肯定會感到難以形容的困惑。相信很多人在職場上，都有過類似的經驗吧？

類型

-1-

理由伯

特色

千錯萬錯，都是「別人的錯」

類型 1 的對策

有條件地認同，再指出他「可能是不小心」犯的錯

理由伯的自尊心很強，認為自己絕對沒有錯，因此責備會造成反效果。如果你做出指責的言行舉止，會立刻受到強力反擊。

對於這種類型的人，最有效的做法，就是「有條件地認同」。

也就是說，你不要立即指出他們的錯誤，而是要有條件地「站在他們的立場」，先認同對方。接下來，你再委婉地表達意見，這樣才不會激起他們的反抗心理，反而會出乎意料地乖乖聽你說。

舉例來說，假設你像文章一開頭提到的，想要指出排班表中的輸入錯誤。

首先，你要有條件地接受對方的意見，例如：**「如果從你的角度來思考的話，這似乎是別人輸入錯誤了。」**

接著再委婉地指出對方犯錯的可能性：「但是，也有可能是你忘記檢查了。」

只要先有條件地認同理由伯，他們的反應就會完全不同。一旦他們發現自己的意見受到認同，警戒心就會減弱，才會乖乖地聽你的意見。

另外，由於和這種類型的人陷入爭論的情形也不在少數，為了避免不必要的紛爭，**最好將自己向對方提過的事項，或是對方說過的話記錄下來。**

當對方總是不願意承認錯誤時，你只要打開筆記本、拿出證據：「你看，我都記在這裡了。」如此一來，再怎麼愛找理由的討厭鬼，應該也很難找到藉口脫身了。

類型 2

自我中心

希望事情照自己的意思去做

這種堅持己見的討厭鬼，就是道德騷擾的典型範例，總是將自己的意見強加在別人身上；有些人屬於高壓的「倔強型」，也有看起來友善的「溫柔型」。

「倔強型」會堅持說自己才是正確、「照我說的去做準沒錯」，他們會堅持自己的觀點及主張，永不妥協。

另一方面，「溫柔型」則會好話說前頭，「我也有同感」、「我覺得你的觀點是正確的」，雖然會暫時表現出理解或妥協的態度，卻會推托閃避他人的意見，最後才說出自己堅持的意見：「可是我覺得……。」

兩者的共同點，就是他們都超乎尋常地固執。這種固執完全不是一種優點，因為他們會一直試圖將自己的意見強加在周圍的人身上，所以相當麻煩。

「自我中心」型的特徵，就是他們的意見永遠是正確的，不願意接受別人的意見。

無論口氣溫柔或強硬，都是「理由伯」的加強版

如果你試圖反駁，他們就會死纏著你不放，扯上關係後就會變得非常麻煩；當他們自己的說法行不通的時候，就會極力主張其他人的想法是多麼錯誤百出，甚至偏執地認為，不照自己的觀點，即意味著「失敗」。

弄到最後，周圍的人會開始覺得：反駁這些人會惹上麻煩，乾脆忍忍就算了。於是表面上會認同他們的意見，到頭來反而是更加助長他們的氣焰。

類型

-2-

自我中心

特色

希望事情照自己的意思去做

我發現近來，自我中心「溫柔型」的人有增加的趨勢，他們會說：「我覺得真的很棒，但是……」，也就是一開始先假裝同意別人的意見，但結論還是要否定。

雖然這種態度比起突然被人否定也許會好一些，但最後的結論仍然是要否定對方的意見，並沒有什麼不同。

結論上來說，他們並不會聽取別人的意見，而是把自己放在第一位，完全不打算認同別人。從這方面來說，**可說是「千錯萬錯，都是別人的錯」**，**也就是類型（1）理由伯的進化版。**

類型2的對策　不要反駁，並告訴對方正面的想法

「希望事情照自己的意思去做」，就是典型的道德騷擾，這種類型的人通常有著脆弱的一面，也就是缺乏自信。在他們的內心深處，多數都會隱藏

著像是「我不受歡迎」、「如果失敗了怎麼辦？」這類的負面情緒。

他們的內在出乎意料地脆弱，與外表看起來的並不一樣，因此想要回擊這種討厭鬼並不困難。儘管他們往往隱藏得很好，不讓別人察覺到，但是類型（2）自我中心的人，**只要事情沒有照自己的意思去做，就會忍不住感到焦慮。為了擺脫這種恐懼，他們才會出現想要控制他人的另一面。**

話雖如此，正面反駁並不是一個好辦法，畢竟對方一直以來都是超級固執，根本不打算聽取別人的意見。如果正面反駁，一定會觸怒對方，說不定會受到嚴厲的報復。

建議你這時候要運用聰明才智，**不要正面進攻，而要採取用幽默來應對的方法。**即使自我中心的討厭鬼說了一些負面的評語，你也要表現出完全不在意的樣子，笑著用正面的方式回應。舉例來說，就算對方說：「我以為你可以做得更好，結果卻讓人失望了。」

這時你也不要情緒化，不妨笑著說：「雖然現在做得不好，但是我會努力。請期待我一年後的表現！」如此一來，就可以用正面言論委婉地否定對方的負面批評，而不是直接反駁對方。

只不過，有時你可能會因為對方的冷言冷語而受到打擊，以至於無法立即以積極正面的方式做出回應。在這種情況下，你沒必要勉強自己用正面的態度回應，只要如實地表達出自己的感受及心情就夠了：「聽到你這麼說，我覺得很難過……。」

面對這種凡事都想照自己意思去做的類型，最重要的就是多少都要表明自己的想法，讓他們了解到你絕對不會讓事情完全照他們所想的去進行。

類型 3

狂刷存在感

希望多被誇獎、多被認同！

無論在哪個職場，都會有很多「狂刷存在感」類型的討厭鬼。有些會誇大地炫耀自己過去的成功，有些則會一再強調自己十分投入在工作上，每天都非常辛苦。

「希望別人多誇獎、多認同」，還有「自戀」與「渴望得到認同」特別強烈的「狂刷存在感」，正是類型（3）的特徵。

大家有聽說過「自戀型人格障礙」嗎？對於自我價值產生認知扭曲，完全深信自己是一個既優秀又特別的人。**他們強烈渴望被人讚美、被人喜愛、**

被人關注，比一般人更在意他人的評價。

就算沒有嚴重到這種程度，但是多數都會強烈自戀以及渴望得到認同。

非常需要得到「好棒、好厲害」的評價

在你身邊，有沒有一些人讓你很難接話、後來才發現他都在聊自己的事呢？舉例來說，對話內容會像這樣——

「我記得你是A大學經濟學系的，你認識B教授嗎？」

聽到上司這麼問你，以為他對自己的科系感興趣，於是志得意滿地回答：

「認識！他是我研究專題的教授……」

「是喔。B教授和我同一屆，而且我的成績比他好。當初學校有問我要不要繼續讀研究所，不過我拒絕了，我想要走入社會、驗證自己的實力。後來校方才改成推薦他去當研究生。還有，講到年收，我也比他高很多……。」

類型

-3-

狂刷存在感

特色

希望多被誇獎、多被認同！

可見得第一句話只是幌子，目的是要轉向自我吹噓。更糟糕的是，這種類型的人會毫不在乎地搶走下屬的功勞。因為他們強烈渴望得到認同，所以就算搶人功勞也不會有罪惡感。

我也有過這樣的經驗，有一次的案件，要和多位態度強硬的對造談和解。在和解會上完全沒有發言的上司，竟然在完成和解之後表示：「這都是我的功勞！」當下實在讓我無言。

他們對於得到認同的渴望是永無止境的，而且是「越多越好」，就是要人稱讚才會感到滿足。

如果一大群人在聊天時，這類型的人完全沒有得到發言機會，常常會明顯顯露出不悅的樣子。像這種因沒有出場機會而明顯表現出不悅，或者會刻意強調自己已經在不高興的人，就是屬於這種「狂刷存在感」類型。

類型3的對策

說出對方想聽的讚美與認同

對付「狂刷存在感」類型的方法，說穿了很容易，或許你會覺得有點困惑，不過，**只要滿足對方渴望得到認同的感覺就行了。**最簡單的做法，就是口頭讚美。

舉例來說，當上司開始聊起成功開發出新產品的話題時，**最希望聽到你說出口的，就是讚美他們的一句話**，例如：「你都會注意到別人沒發現的地方耶！」、「這是一個很棒的創意。」、「你的想法真是太厲害了。」

有些讀者們可能不喜歡說這些違心之論，我能理解你的感受，但是對於這種類型的人，就算老實地和對方說，努力工作的人應該不只有他一個，或是直言這不是他的功勞、另一位同事付出的更多等等，也只是在浪費時間，一點意義也沒有。

你要把對方想像成一個乞求讚美的孩子，並認清這時成為一個大人才是最理想的解決辦法。如果無論如何就是不想說出讚美的話，還有一個做法也十分推薦，就是請教對方——

「怎麼做才能想出這種創意呢？」、「怎樣才能開發出新產品呢？」

諸如此類，試著反過來詢問對方想要吹噓的事情，光是這樣就可以滿足對方渴望得到認同的感覺。

假如即便如此，他們還是在沒完沒了地吹噓自己，浪費你的寶貴時間，該怎麼辦？這時你可能還需要巧妙地「改變話題」。詳細的做法會在後面的章節以情境舉例的方式說明。

類型 4

慣性遷怒　把壓力發洩在其他人身上

在每一個職場中，一定都會出現壓力大而遷怒別人的人。將家庭壓力帶入職場，或是將職場上的壓力帶回家庭，這些人都會因此引發職場的道德騷擾或家庭暴力。

這種人會想將壓力發洩在「職場」還是「家庭」？歸根究柢，這要取決於當事人想在哪裡展現「好臉色」。**被這種人當作壓力出口的一方，就是被他看不起的一方。**

前來諮詢的案例當中，也有一些是在家裡對妻子抬不起頭來，總是忍氣吞聲，於是竟然轉而欺負下屬或是參與霸凌行為。近來似乎也有越來越多人是因為與另一半的父母相處不來，或是厭倦了照顧父母，於是找其他人出氣。

遷怒的霸凌行為，很容易惡性循環！

這種人會吹毛求疵，連文件上有錯字也要罵人，還會拿其他部門的同事來和你比較：「要加油！不能輸給○○，你已經落後對方一大截了！」

更嚴重時，還會鎖定一個特定對象，嚴厲攻擊對方。這完全就是在遷怒，但是被遷怒的人根本受不了。在競爭激烈，稍有不慎就會被扣分的環境下，我們都會不斷受到龐大的壓力。也許正是這個原因，公司同事往往會互相扯後腿。

我認識一位知名企業的課長，一定會把抽屜鎖好才回家。當他忘記上鎖時就會坐立難安，就算已經回到家了，還是會花上一小時回到公司把抽屜上鎖。因為他曾經遭同事扯過後腿，重要文件被放入碎紙機，當時讓他銘記在

類型

-4-

慣性遷怒

特色

把壓力發洩在其他人身上

心的一點，就是不可以相信公司裡的任何人。

當然，這個故事是屬於比較極端的情況，不過確實也有許多人因為壓力而對下屬十分嚴厲，甚至會冷嘲熱諷。這樣一來，遭到遷怒的下屬也會覺得壓力很大，於是又轉而遷怒到更加弱勢的人，形成惡性循環。

如果你自己沒有一套可以用來舒緩壓力的方法，可能就會變成一個遷怒別人的討厭鬼，必須特別注意，說不定下次就變成別人來遷怒於你。

類型4的對策 不要忍耐，直接表達被遷怒的事實

對於習慣把壓力發洩在其他人身上的慣性遷怒類型，最重要的就是像我前面提過的朋友一樣，別讓對方逮到機會把過錯推到自己身上。

即便對方因為微不足道的錯誤一再追究，讓你感到不滿，認為根本沒必要說成那樣，但是做錯了就是做錯了。這時，希望你要展現出「既然如此，

被這個上司交派的工作，就要完美達成！」的骨氣，全力投入工作。

當你被某人遷怒時，其實是對方一直瞧不起你，認為就算你被遷怒了，應該也不會抱怨。因此，**與這種人打交道時，最重要的就是不要一味忍耐**，而要表現出堅毅的態度，讓對方知道，你不會對不合理的行為保持沉默。

並不是說你要常常表現出反抗的態度，而是要掌握時機、再露出你的獠牙，這是應對的關鍵點。首先，當遇到這種類型的人，千萬要避免同場競爭，畢竟這是因為壓力造成的遷怒行為；不必與對方正面交鋒，而要刻意擺出高姿態：「等你冷靜下來，我們再溝通。」或是轉移爭論點，再問對方：「讓我們從客觀的角度來談一談吧？」如此一來對方就會無話可說，也比較容易恢復冷靜。

如果這麼做之後，對方還是死纏不休、持續攻擊遷怒的話，就該採取「單刀直入切中要點」的方式，直接表達你的感受：「你這是在遷怒吧！」畢竟你說的是事實，對方將無法反駁，一定會馬上離開現場。

事實上，很多人透過這種切中要點的方式，成功擺脫因壓力而造成的遷怒行為。遇到糾纏不休的討厭鬼時，請一定要試試看這個方法。

類型 5

完美主義者
永遠無法原諒別人的過錯

如果上司屬於那種永遠無法原諒他人犯錯的「完美主義者」類型，身為下屬的人想必會相當辛苦。由於他們是完美主義者，因此很多這種類型的人不但很優秀，而且工作能力又強。

只不過，如果只是追求個人的完美倒還好，但是將這種觀念強加在別人身上，要求別人做到完美的話，就會讓人十分困擾。他們的特徵是吹毛求疵地尋找別人的過錯，當發現錯誤時，就會非常得意地不斷嚴加指責。

別人的錯誤，是彰顯自己有多優秀

即便對方真誠道歉了，他還是會加以嘲諷：「我真搞不懂，怎麼會犯下這種錯誤？」一類似這樣的責難，試圖將對方批評得體無完膚。**他們會透過發現別人的錯誤並加以指責，藉此重新確認自己有多優秀，沉浸在優越感當中。**這種類型的人，往往會從「優秀的自己與不優秀的他人」這種角度來思考事情。

他們瞧不起周遭的人，認為自己的工作能力很強、自己很完美、其他人都無法勝任工作，覺得自己的做法最理想的刻板印象始終堅定不移，自然在他們身上就看不到認同別人優點及個性的心態。

總而言之，可說他們就是心胸狹隘的小氣鬼，會高估自己，同時嚴加挑剔別人。

類型

-5-

完美主義者

特色

永遠無法原諒別人的過錯

類型 5 的對策

假裝尋求指導，再指出問題

不幸的是，完美主義者的個性很難改變，如果這種類型的人對於你的錯誤一直喋喋不休，不必太過在意。

誠如前文所述，他們會透過發現別人的錯誤並加以指責，重新確認自己有多優秀，沉浸在優越感當中。重點在於，他們是在自我陶醉，**所以即使你被這種類型的人喋喋不休地指責，只要隨便敷衍了事即可。**

保護自己的情緒的最佳回應，就是低著頭假裝乖乖在聽他說話的樣子，但實際上完全不用當一回事。

還有一種更主動的做法，可以讓對方無言以對。無論是什麼樣的完美主義者，終究還是一個活生生的人，本來在這個世界上，就沒有所謂完美無缺的人。

因此，當你假裝尋求指導或指導，再用各種問題轟炸他們之後，這些人一定會露出破綻。遇到對方不知道的事情時，你就可以趁機反擊，用委婉的態度，稍微做一點小小的報復：「真是意外……我還以為你都知道耶。」

雖然這個做法有點壞心，但是想要閃避完美主義者的窮追猛打，這麼做應該不會出什麼大問題。

類型 6

愛比較

覺得自己比對方優秀

從某方面來說，「愛比較」的這群人，可能是最麻煩的類型。他們對於別人的嫉妒或眼紅，屬於非常麻煩且複雜的情緒，會導致他們去攻擊他人。

其中有些人會出於嫉妒而攻擊別人，自己卻完全沒有意識到，簡單來說，就是想要展現「優越感」，透過威迫的言行舉止，讓其他人意識到他們處於更高的層級或社會地位。

各種小事，都會成為他們高人一等的優越來源

愛比較類型最重視別人的評價，當自己比別人優秀時才會感到安心，最容易感受到他們拿來比較的內容，就是透過學歷或是父母的職業展現優越感，此外，有沒有結婚、有沒有孩子，甚至有沒有兄弟姊妹，這些都可以成為展現優越感的理由。

還有另一半的學歷及職業，也可以用來展現他們的優越感；如果小孩的表現優秀，或是進入名校就讀，這種人就會像是贏得了天下一樣。換句話說，**他們是藉由輕視別人來舒緩壓力，並在狹隘的世界裡分出高低。**

我朋友的公司裡，會在情人節比賽丈夫或男朋友收到多少巧克力。據說伴侶所具備的條件相當重要，甚至也有些女性是因為另一半的條件很好，於是成為受人尊敬的對象。反過來說，十分羨慕的心情，也可能會演變成嫉妒或眼紅，有些人便會遭到霸凌。

類型

-6-

愛比較

特色

覺得自己比對方優秀

在職場上，來自同事的嫉妒也是十分常見，或許就是單純因為起跑線相同，所以更容易產生嫉妒之情。對方會先假裝是朋友，再乘機扯你後腿，或是故作無心，卻在你背後說三道四。

例如，把同事當成自己人，無意中提到自己有點受不了同部門的C同事，結果這名同事居然去向C搬弄是非，像這種案例也時有所聞。

類型6的對策 敷衍了事或是直接轉移話題

對付「愛比較」類型的方法，就是得小心不要被暗算了。你要避免談論自己的私生活，也不要自誇，也就是說，**不要向公司裡的人透露不必要的訊息，保密意識應貫徹到底**。說得極端一點，願意與你分享私生活、聽你吹牛的人，只限於你的親人或是親密好友。

越是一帆風順的時候越要舉止謙虛，當情勢不佳時則要假裝自己是最佳狀態來鼓勵自己，這樣才是最理想的平衡狀態。

而且這種愛比較的人，還會故意在上司面前透露一些不必說出口的話，試圖扯別人後腿，他會告訴上司負面訊息，比方說：「別看他這樣，其實他的酒品很差，之前也和朋友惹了大麻煩。」用這樣的方式試圖背刺對方。

他們會扯人後腿的原因，就是出自於嫉妒；與愛比較的人正面交鋒只是在浪費時間和精力，這時你可以說：「啊，原來如此！原來你是這麼想的！」

隨便地敷衍了事，才是明智的反擊方式。

在實際運用時，我也十分推薦大家可以隨口轉移話題。例如——

「是說，我剛才突然想到，你有看過今天的新聞了嗎？」

「對了，聽說明天空汙指數會很嚴重喔！」

諸如此類，你要假裝突然想起一個完全不相干的話題，讓對方的注意力轉移過去。對方會感到不解，為什麼你突然說這些？其實目的就是這個。

更多精準回應的細節將在第3章以後為大家介紹，這些方法用來對付所有的討厭鬼都十分有效，希望不想吃虧的各位都要學起來！

類型7

惡霸老鳥　專挑好欺負的弱勢方下手

大家口中的「資深老鳥」或「太后」，還有中階管理層的「大叔」，常見到這種惡霸老鳥類型。他們的特徵就是會對弱勢的派遣員工，或是兼職人員態度惡劣，還會以年齡及外貌公然歧視女性員工。

雖然目前性騷擾和職權騷擾的情況已比以前減少了，但是並沒有完全消失。**有些人天生就具有霸凌的本性，喜歡欺負弱者**，讓人無法安心。以下舉一位D小姐的例子，她被派遣到一家公司之後，遭到中階管理層的霸凌。

只敢欺負看似較弱勢的一方

三十幾歲的D小姐是一名派遣員工，在當地銀行的營業部門負責行政工作。大部分的員工都是女性，只有課長和五十幾歲的E先生兩個人是男性。事實上，這個E先生就是典型的惡霸老鳥，最喜歡欺負弱者。

E先生負責分配工作，結果分配給D小姐的工作量，竟然是正職員工的兩倍之多，她的工作當然無法在時間內完成。D小姐十分困擾，便拜託E先生能否減少工作量，直到她上手為止。

但是E先生卻態度冷漠地回答：「這是工作。」、「既然是派遣員工，就不要抱怨工作。」

補充說明，D先生對於課長和每一位正職的女性員工，都是採取明顯諂媚的態度，但是似乎對於包括D小姐在內的派遣員工，則會強迫他們去做超量的工作。

後來經過三個月左右，D小姐也習慣了這份工作，開始能夠完成正職員

類型

-7-

惡霸老鳥

特色

專挑好欺負的弱勢方下手

工兩倍的工作量。以前總是那麼霸道又愛嘲諷人的E先生，最近也開始對D小姐示好，單憑這點就讓她感到心情很痛快。

類型7的對策

別忍耐當好人，要做個不好惹的人！

接近強者、徹底欺凌弱者，這種人並不罕見。面對這個類型的人，有一種做法就是要像D小姐一樣，在工作上發揮實力得到認可，堵住對方抱怨的嘴，也就是從「弱勢方」變成「強勢方」即可。

只不過，現實中事情並沒有那麼簡單，D小姐的例子可能是極少數；話雖如此，還是不要輕易放棄。**對這種類型的人來說，直截了當的表現出自己不好惹，是一個有效的方法。**

大家應該都明白，霸凌弱者往往是針對那些受到霸凌也從不抱怨的人。因此，你不如反過來變成遇到霸凌就立刻回擊的「麻煩人物」，讓他們無言以對。

只要受到惡霸的欺負或騷擾時，立刻問對方：「這是在欺負人吧？」、「這是霸凌沒錯吧！」表現出絕不會忍氣吞聲的意思。另外，**千萬不要讓惡霸看到你不安或受傷的模樣**，那正中他們下懷。面對這種類型的人，無論他們說什麼，都要露出「你現在是什麼意思？」的表情，並且保持平常心才會有效果。

如果欺負的原因是出自於立場或地位不同，你不妨向欺負弱者的當事人直屬上司商量看看。當直屬上司不可靠的時候，可能需要考慮向更上級的主管或人事部通報。如果這麼做還是沒有效果的話，就毅然決然地反擊，做出不會善罷甘休的聲明——

「這件事，我會直接向經理或負責委員投訴。」

「我會去請人事部或法院做出裁斷。」

喜愛欺負弱者的人，其實自己往往也是處於弱勢的一方，在某些情況下，只要你機靈地反擊或是找到適當方法，就可以馬上看到成效。千萬不能放棄，一定要強硬地奮戰下去！

越來越常見的「消極型」職場霸凌

在你的職場中，有沒有符合前面介紹這七種類型的討厭鬼呢？

「職場騷擾（成人霸凌）」大致上可分成兩大模式，一種是「積極型」，他們會大聲申斥、言語諷刺，讓對方在眾人面前出醜；另一種是「消極型」，會無視或排擠對方。

最近大家對於職場霸凌的問題十分謹慎，**積極型的公開霸凌行為有所減少，暗中嘲諷以避免被發現的消極霸凌案例，則不斷增加。**

例如，不會直接和要霸凌的人對話，而是在他面前對其他人說話、再加以侮辱；或是故意長嘆一口氣、讓對方感到無言的壓力，諸如此類。

也有一些趨炎附勢、見風轉舵的人，會因人而異明顯地改變態度；對於那些會立即反駁的人，就不敢再多做什麼，只會針對那些默默忍受的人，這種情形十分常見。還有就是根據外表或年齡而暗中加以歧視，或是刻意偏袒靠關係進公司的人。

莫名其妙就被討厭、被霸凌

而最近突然增加的類型，就是消極的霸凌，常見的例子包括造謠中傷、蔑視和排擠。

許多職場仍然保留著前一個時代鄉村社會的舊習，由進行騷擾的主謀指揮一切，並不是什麼罕見的事情。就像俗話說的「別人的不幸，嘗起來像蜜」，每個人都愛說人壞話及八卦，對別人的私事深感好奇。

有時候，到了一個全新的工作部門，想對不懂的事情提問，卻因為部門氣氛而導致你很難提出問題，進而妨礙到工作。

有時候，**明明完全沒跟對方交談過，也會莫名感覺到「被討厭了」**，儘**管你們從未說過一句話**，這種情況實在令人難以置信，對吧？

除此之外，還有一些情況是就算你加入談話，這些同事也完全不會給你發言機會，一直聊著你聽不懂的話題，不承認你的存在，把你當作隱形人看待……。而受到排擠的案例當中，類似像是「開會不通知」、「不給會議資料」這種不分享工作上的資訊，刻意孤立某個人的模式等等，不勝枚舉。

再來說到比較低級的職場霸凌，還有一種叫做「點心排擠」的模式。這種行為相當卑劣，就是從客戶那裡收到的點心，或是旅行時買回來的土產，唯獨不會發給特定的某個人。

旅行時買回來的點心，通常是由買回來的那個人分發，老實說很容易漏發。我自己還是新進員工時，也曾經遇過「點心排擠」；如今回想起來是一種令人難忘的回憶，但是我記得當時真的很傷心。

職場討厭鬼，其實都是心靈受創的弱者

為什麼這些人會忍不住要去霸凌別人呢？就像前面介紹「七種類型的討厭鬼」時也有提到的，造成這種情形的原因有很多，包括壓力、性情急躁、極度自戀及渴望得到認同、嫉妒或眼紅、創傷……等等。

我敢肯定的是，**會去霸凌別人的人，都是不幸福的人。**無法克制自己進行霸凌騷擾行為的人，往往也都是對現狀不滿或是對未來焦慮的人。

也可以說，他們都是心靈脆弱的人，無法自行化解內心的不滿及焦慮，才會透過騷擾他人來分散注意力。

不用害怕內心有創傷的討厭鬼們

因此，會對他人施加霸凌的人，其實比你想像的還要弱，將這件事銘記在心，這樣一來你就會理解到沒必要過於恐懼這些討厭鬼。

會攻擊別人，或是常常出言諷刺的人，無論表面上多麼活躍、多麼快樂，其實內心都是黑暗的。你應該明白一點，幸福並不是取決於外表或經濟實力。

然而，他們確實是以其他人無法理解的方式在霸凌別人，甚至還以成群結黨的方式來強化自己的行為。

對於這樣的人，「透過溝通相互理解」的做法，是行不通的。記住，**在這個世界上有些人永遠無法好好講話。**

在下一章中，我將會告訴大家要做好怎樣的心理準備，來面對職場上的討厭鬼，這是一種針對職場討厭鬼的回應練習。

「也許是我的錯」、「只要忍耐一下就好了」——馬上停止這種自我犧牲的想法，現在可不是你忍氣吞聲的時候喔！

第2章

回應霸凌時，不嘴軟的10個練習

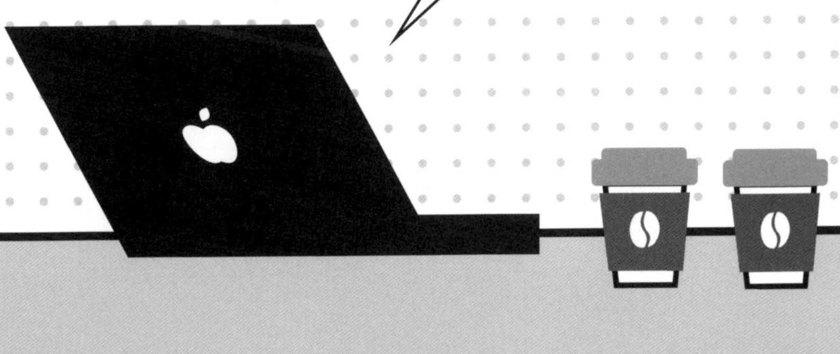

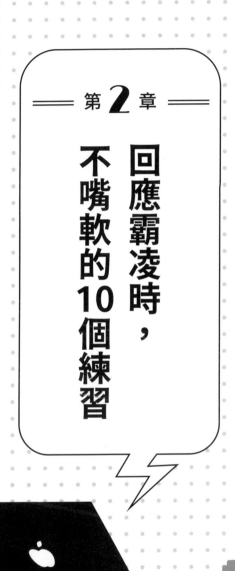

全力發揮精準回應討厭鬼的心理準備

在第1章中，已經將職場討厭鬼分成七種類型，並一一解析他們的特色和基本應對方式。

只要好好理解討厭鬼們的特徵及思維模式，你就能輕鬆地想出應對的對策，了解到不必過度害怕他們。不要只是對職場討厭鬼感到厭惡或是望而生畏，一定要試著思考看看，對方是屬於哪一種類型。

在第2章，我將教大家如何打造一顆絕不向職場討厭鬼屈服的心；接下來從第3章到第5章，則會逐一介紹可以在實際場景中運用的精準回話術。

第2章

回應霸凌時，不嘴軟的10個練習

這一章提到的十個反應練習，是屬於初階的基礎心理建設，幫助你能充分運用精準回話的技巧。

即使你特地學習了在什麼情境下該說什麼話來回應，**但是假如沒有做好充足的心理準備，也無法針對對方的攻擊做出即時反應。**如果一直處於被壓著打的狀態，你根本無法閃避或招架，甚至是反擊對方的攻擊。你需要的，就是這十個在回擊前的心理練習。

回應練習1 感到慌亂緊張時，先用力深呼吸

回應練習2 預演可能會被討厭鬼攻擊的狀況

回應練習3 打造內心的屏障，不輕易受人影響

回應練習4 私下為討厭鬼取一個逗趣的外號

回應練習5 就算真的很受傷，也要擺出不在意的樣子

回應練習6 與同事保持適當距離

回應練習7 別當職場上的濫好人

回應練習8　養成讚美自己的習慣

回應練習9　在對公司有利的工作上堅持到底

回應練習10　不喜歡的事，就直接說「不喜歡」

接下來就一一大家說明，這十個練習將如何加強你勇於即時回應討厭鬼的反應力。

回應練習 1

感到慌亂緊張時，先用力深呼吸

你有過早上一到辦公室，就突然被上司斥責的經驗嗎？我這一生中，曾經有過兩次這樣的經驗，那是在東京一家公司擔任綜合職員工時發生的事。

午休期間，我和公司裡幾個同事一起去一間大家都說很好吃的餐廳用餐，正當我們聊著天回到辦公室時，上司突然大聲斥責我：「交出這種敷衍的資料，到底在搞什麼東西？」他將我早上交出去的文件，用力地丟到桌上，同事們都屏氣凝神地看著我們。

我到現在才有自信，無論聽到別人說什麼都能保持冷靜，但是我天生淚腺就很敏感，屬於那種突然被人責罵之後，還來不及回話就會先掉眼淚的人。

那時我也是連問自己做錯了什麼都開不了口，只能淚流滿面、用顫抖的聲音說：「對不起……」，可說還沒戰鬥就已經舉起白旗認輸了。

結果，上司指出的錯誤，其實是他自己忘記給我指示了；再加上我在午休時間吃了美味餐點，聊天聊得太開心，這件事也可能激怒了他。現在的我完全認同那就是一種職權騷擾，但是當時連「騷擾」這個名詞都沒聽說過。

讓驚慌的情緒快速冷靜下來

大家就算沒有經歷過被突如其來地大聲申斥的狀況，至少應該有過冷不防遭人訓斥的經驗吧？

遇到這種情況，千萬不可以操之過急，盲目行動，接下來就為大家說明，**當你突然被質問、斥責，也就是遭到突襲時，能立即有所反應的回應練習。**

遇到對方突襲時，絕大多數的人都會嚇得心跳加速，無法思考任何事情。

血液會直衝腦門，滿臉漲得通紅，還會直冒冷汗、脈搏加速。這是一種無法自行控制的身體反應，當你越想要阻止它，身體越是無法聽話。

就算你想說些什麼，也只能發出高亢尖銳的聲音。在這種情況下，必須做的第一件事就是「大口深呼吸」，因為你要趕快先讓驚慌失措、視野變狹窄的自己冷靜下來。

當你在深呼吸的時候，能讓大腦獲得充足的氧氣，這樣一來恐慌情緒就會慢慢消退；接著，你的大腦就會開始運轉，心情會逐漸平靜下來。直到大腦開始恢復運轉之後，你才有辦法好好思考，面對對方的攻擊，自己應該如何因應。

直到冷靜下來為止，或許需要花上好幾分鐘，但這都無所謂。這時候無論對方說什麼，只要專注於自己深呼吸的聲音即可，盡力調節好你的呼吸。

在這段期間，**什麼話都不要說，徹底保持沉默**。當你在驚慌失措的狀態下發言，一點好處也沒有。即使對方喋喋不休，也絕對不要回應，而要堅持「沉默＋深呼吸」，唯有這樣，才能做好準備去和你的對手相抗衡。

「第一件事，就是要深呼吸」——牢記這一點，就算驚慌失措，也要讓自己想起來。

回應練習2

預演可能會被討厭鬼攻擊的狀況

有一句俗話說是男子離家後四面受敵，如今無論是男性還是女性，家門外就是一個「戰場」，總有討厭的人在等著你。

討厭鬼的攻擊，會在沒有任何預警下突然發生，提前做好準備就十分重要，以免被攻擊時腦袋一片空白，一下子說不出話來，事後才後悔「為什麼當時無法反駁」。

據我所知，有能力在毫無任何準備的情況下做出反應的人屈指可數，大多數人都做不到。但很多人只會感嘆，都是因為自己反應太遲鈍，才無法臨機應變，卻從來沒有做過任何準備，就這樣毫無防備地遭受攻擊。

其實，只要做足充分的準備，每一個人都可以閃避討厭鬼的攻擊。希望大家能夠了解事前做好準備的重要性，請參考第3章以後所舉出的各種場景案例和回應話術，記住一些可以運用的技巧。

除了事前模擬，還有練習無論如何都要面無表情

我也很推薦大家學習有效的反駁方式以及應對方法，並在腦海中模擬一遍。只要這麼做，當你突然受到討厭鬼的攻擊時，也能不慌不忙，從容不迫地加以應對。順便為大家介紹一個我自己很常使用，而且立即見效的做法；舉例來說，當上司突然大聲怒斥你：「拿出這種敷衍的資料，到底在搞什麼東西？」

首先要像第一個反應練習一樣，深呼吸一口氣，再刻意擺出冷靜又平常的表情，即使你的心當下在狂跳，但別人根本不會知道。

這段時間，你要不發一語，用「沉默」做為後盾，別讓對方察覺到你的不安。過了一會兒之後，當你可以平靜說話時，再接著說：「可不可以讓我稍微確認一下呢？」或是「了解，我會再做確認。」藉此爭取反應的時間，並緩和當下的局面。

在法庭上，有時候對造律師或法官會突然提出完全意想不到的問題；當初我還是個新手時，都會冒出一身冷汗，並且用「我現在不太清楚」，或是「我沒有聽委託人說過……」之類的話為自己辯解。但事實上，由於我過於慌張地說出了不謹慎的發言，對造律師及法官就會察覺到，「原來你不知道」，或是「只要利用這一點，你就會陷入困境」。

因此，無論對方說了什麼，都不要露出任何表情，只要說「我要確認一下」，或是「我回去後再確認」，盡全力從當下的情境中脫身。只要記住這一點，事情就能解決。

這麼做感覺似乎很理所當然，但是當你實際運用之後，一定會發現效果超乎想像！

回應練習3

打造內心的屏障，不輕易受人影響

只要建立起一道心靈屏障，就可以保護自己免於受到討厭鬼的攻擊。當你在周圍築起一道無形的牆，就能打造一個不受他人言行舉止影響的自我。

不過，為了避免誤解，我要事先聲明，這並不是要你切斷人際關係，為了讓工作順利進行，溝通是不可或缺的一環。

願意幫助你的人越多，工作就會越容易推動；如果別人覺得你難相處，或是拒絕與人互動，說不定會對工作造成負面影響。

我所說的心靈屏障，並不是一種將人際關係拒於門外的銅牆鐵壁，而是一種更靈活、更溫和的保護內心的方式。

保持情緒冷靜，不在乎、也不期待任何人說的話

首先你要下定決心，不要受到他人言行舉止所影響；接下來，想像有一道無形的屏障覆蓋全身上下守護著你、待在屏障裡就會很安全。

建議大家每天早上起床後，要在心裡浮現這樣的畫面，告訴自己：「不要受到他人言行舉止所影響！」接下來，再像往常一樣開心地與其他人相處即可。

這並不是將其他人完全排除在外，而是別人說什麼，你都不在乎、也不期待。如此一來，就可以打造出一顆無論發生什麼事也不會受傷的心，沒必要對討厭鬼的言行舉止感到害怕。

當然，回到個人私生活領域就可以解除心靈屏障。我想在很多人的印象

當中，會覺得律師、檢察官、法官等法律界人士，都很冷酷。我自己在成為律師之前，也有相同的印象。

也許是因為很少會看到法律界的人在微笑的模樣，只不過，當我實際與他們交談之後，我發現許多人的個性溫和又體貼，讓我感到十分意外。

現在我才明白，他們必須時刻保持冷靜，以免因為對他人投注太多感情，導致無法做出公正的判斷。另外，**由於工作性質的關係，他們常常會直接承受別人的負面情緒，因此也必須守護自己的心。**

法界人士們刻意築起心靈屏障，是因為他們需要在不受他人影響的情況下，做出客觀且冷靜的判斷，我自己也是每天都在不斷地練習。

請你一定要練習築起心靈屏障，打造一個不會受他人言行舉止所影響的自己。

回應練習4

私下為討厭鬼取一個逗趣的外號

一個會在職場上攻擊、霸凌你的討厭鬼，看起來就像是一個難以想像的怪物。即便對方並沒有那麼可怕，但是當你和他處不來的時候，只要待在這個人身邊，就會感到壓力很大。

就算明知道是為了工作，但是必須和不喜歡的人接觸，就會覺得痛苦，對吧？在這個練習中，會教大家幾個我實際試過，而且覺得很有效的方法。

讓自己的注意力從討厭鬼身上分散

我最推薦大家的做法，就是想像討厭鬼的青少年時期，接著再和這個青少年成為好朋友。就當作被騙也好，試著想像一下，你會發現效果出奇的好。

舉例來說，我會試著隨意想像，「他的個性這麼討人厭，想必他小時候十分渴望父母的愛……」，然後我會在腦海中浮現一個可憐的小孩子，哭著獨自看家的模樣。

當我發自內心與這個小孩子交談之後，竟然感受到一種不可思議的溫柔情緒。如此一來，我就不會再覺得和對方處不來了。

很神奇的是，對方在現實中的態度也會變得溫和，兩人的關係往往都會順利進展，這也許是因為我們對彼此的態度都軟化了。

其次，**幫討厭鬼取一個好笑的可愛外號，也會很有效果。**不過，這個外號不可以有攻擊或侮辱的企圖，這麼做只會讓你越來越討厭對方，無法與對方相處，進而產生反效果。

建議大家可以在名字前後，加上「小」、「美女」、「帥哥」，不管有多討厭對方，只要在名字前面加上「小」，你就會覺得他變得可愛多了。就算對你講話再怎麼難聽，但是你只要想到「小〇〇大概是太無聊了……」，這樣就不會太在意了。

最後，再讓我提供大家一些建議，就是當必須向處不來的對方聯絡或道歉時，應該怎麼做才好。

遇到對方是你處不來的人，即使知道非和他聯絡不可，往往還是會忍不住拖延。然而，**越是處不來的人，就越要提醒自己主動聯絡對方**。當你試著和對方接觸之後，應該會發現他並沒有你想像中的那麼討厭。

我有一個工作能力很強的上司，這個方法就是他教我的。縱使我的上司在工作上如此優秀，也還是會抗拒和不合拍的對象聯繫；當我想到這一點時，總覺得心情變得輕鬆許多，請大家一定要練習看看。

回應練習5

就算真的很受傷，也要擺出不在意的樣子

任何人如果在職場上遭人譏諷或是被人騷擾，都會感到心情沮喪；只發生一次的話就算了，要是一直發生，就會讓人開始討厭去上班。

在這種情況下，最有效的做法就是假裝你根本不在意！以下舉一個實例為大家說明。

F先生不知何故，突然開始被同一個單位的前輩G先生視為眼中釘。以前G先生一直很照顧F先生，但是從某一天起，G先生卻完全無視F先生，而且同單位的其他女性員工也效仿G先生，開始無視起F先生。

F先生不明所以，不知該如何是好，有一段時間，還煩惱到晚上都睡不著覺。

沒有得到預期的反應，霸凌就會自討沒趣

然而，當F先生知道G先生不高興的原因，是因為他忌妒公司裡的男員工，F先生覺得認真煩惱這個問題的自己，就像個笨蛋一樣。

後來F先生採取的對策非常優秀，儘管他被人無視了，仍然繼續裝作完全不在意的樣子。過了一陣子之後，G先生一群人的騷擾行為便乍然停止了。

許多騷擾者會很高興見到騷擾對象受到傷害，騷擾行為會逐漸加劇。就算你受到騷擾，**如果不對那些行為做出反應，對方就會期待落空，無計可施，這就是「假裝自己根本不在意」的做法很有效的原因。**

當你覺得很難假裝根本不在意的模樣時，我認為先擺出正確姿勢就好：

抬起頭，就像是頭髮被人往後拉的感覺一樣，將後背用力挺直。

反正沒有人能夠看穿別人內心的真正想法，試著先從肢體語言，假裝自己根本不在意騷擾行為。

回應練習 6

與同事保持適當距離

在職場上，有些人會過度侵犯你的私領域，想知道你另一半的身分地位或年收、孩子就讀的學校、你的學歷以及工作經歷等等事情。

當你天真地洩露了個人資訊，就有可能被對方刻意展現優越感，或是反過來成為讓人嫉妒或眼紅的對象……這可不是件好事。

請大家要記住，你在職場上遇到的人，基本上全都是「工作相關人士」。說起來他們就像是商業夥伴，**建議你保持適當距離、有禮貌地來往就好。**

別讓他人有攻擊自己的機會

事實上，有許多例子都是因為對職場上認識的人放鬆警惕，分享了過多的個人資訊，從而導致日後一些意想不到的麻煩。舉例來說，曾經有人因為透露孩子在小學入學考試考取了名校，結果引發同事反感，甚至被人在當地的公布欄上公開了個人資訊，類似的案例所在多有。

當然，在職場上遇到一生的摯友，也不是不可能；然而，和職場上偶然相遇的人太快拉近距離，甚至是敞開心扉，可能還是有些不夠謹慎，除了你自己之外，也有可能讓家人面臨風險。

首先最重要的，**就是在保持「適當距離」的同時，仔細評估對方的為人**，希望你要特別留意「嫉妒心」。即使當事人沒有意識到這一點，但是在不知情的情況下遭人嫉妒的情形，也是常有的事。

就算你自己沒有那個意思，一旦讓對方感到嫉妒，就會在意想不到的情況下被人扯後腿，向別人提供自己的資訊時越謹慎越好。

要記住，**對方與你越親近，你就越容易遭到嫉妒。**常見到一些例子，就是知道了太多別人的個人資訊，最後無法控制嫉妒或羨慕的心情。

另一種狀況也很常發生，當你分享了過多的個人資訊之後，結果對方居然開始用瞧不起人的態度跟你說話，弄得自己心裡很不愉快。

為了避免演變成彼此都想搶著展現優越感的局面，最好將在職場上遇到的每一個人，都當作是「工作相關人士」，並與他們保持適當的距離。

一旦拉近了距離，以後想要保持適當距離就會變得非常困難。從對方的角度來看，會覺得你「突然變冷漠了」，說不定還會導致不必要的怨恨。重要的是從一開始就保持適當的距離，也就是不要給對手有機可乘的機會。

回應練習 7

別當職場上的濫好人

事實就是，等你不當一個「好人」之後，就會感到很輕鬆。

只不過，這裡提到的「好人」一詞，指的只是職場上的「好人」，也就是所謂的「濫好人」，比方說「凡事都會開心答應別人的人」、「別人請他幫忙也不會面露不悅的人」。

在職場上，似乎很多人都深信「不會抱怨的人」就是「好人」。

舉例來說，有一位四十多歲的H先生，他希望自己在別人眼中是個好人，以便在職場上與人相處融洽；還有一位五十幾歲的I先生，他沒在管其他人的想法，想說什麼就說什麼。

當公司陷入經營危機之際，你認為總經理第一個想約談裁員的人，會是哪一個呢？大多數的總經理，應該都找希望「在別人眼中是個好人」的H先生吧？

從管理階層的角度來看，如果二人在能力上沒有差異，找H先生談裁員的事會比較簡單，畢竟他不會有任何怨言、也願意接受安排，事情就能迅速地解決。

雖然不合理，但在職場上被人認定你的個性是「想說什麼就說什麼」的話，往往會比較有利；表現出這樣的個性，多數應該都是敢表達自己看法的人。

不要當好人，要當個不好惹的人

也有一些人一直想扮演別人眼中的好人，結果到頭來，卻只是一個「方便的濫好人」，有時候就會發生這種讓人笑不出來的結果。**被當作「好人」最大的缺點，就是別人不會把你放在眼裡**，認為「對你自私一點也無所謂」、「你會乖乖聽話，不會抱怨」。

霸凌者會仔細辨識霸凌的對象，像這類容易被人輕視的人，就會遭遇各種不幸。請你要下定決心，不要在意別人的看法、不當別人眼中的好人也無所謂。

被人當作是「麻煩人物」、「不好惹」、「難相處」，將這樣的個性突顯出來，人生會明顯輕鬆許多，反正，不可能讓所有人都喜歡你。

著名藝術家岡本太郎先生在他的著作《讓自己心中帶毒》（自分の中に毒を持て）中寫道：「我們因為太過重視自己，才會擔心很多事情。別把自己看得那麼重要，就從現在開始，下定決定不再需要被人喜歡，然後讓自己豁出去。」

心理學家阿爾弗雷德・阿德勒（Alfred Adler）也說，如果你不再當一個好人，並做好被討厭的心理準備，心情就會輕鬆許多。

雖然自相矛盾，事實上也有不少人的經驗是，當他們試著不再當一個好人，開始想說什麼就說什麼之後，才意外發現自己並沒有想像中的那麼被人討厭。

只會說花言巧語的人並不值得信任，但是做好被人討厭的心理準備，坦率表達個人意見的人，卻充滿魅力。請大家試看看，人生會變得更輕鬆喔！

回應練習 8

養成讚美自己的習慣

當你在讚美自己的時候，自我肯定感會提升，讓你充滿能量。你越是讚美自己，就越能整頓好自己的狀態，變得更好、更想要讚美自己。

除了「讚美」之外，「誇張地讚美」會更有效果。祕訣在於從日常生活中的每一件小事開始讚美自己——

「我能在早上神清氣爽地醒來，真是厲害！」

「我能在上班前洗床單，真是太棒了！」

「我可以喝到這麼好喝的咖啡，真是太幸運了！」

就像這樣，即使是微不足道的事情，也要逐一讚美。

我從大約二十年前開始，就一直在毫無根據的情況下誇張地讚美自己，告訴自己：「我很厲害！」、「我很幸運！」如今已經變成了一種口頭禪。

不管多小的事情，都要肯定自己

有很多的上班族在職場上受到騷擾或是被人譏諷時，會覺得要做到順理成章地反駁對方，對自己而言太過困難。

雖然當事人完全沒有錯，但是當他們在職場上被人騷擾之後，卻會被負面情緒所影響，覺得自己在職場上過得不順，真是太沒用了，於是往往會喪失自信。

你不必與職場上的騷擾行為或是言語譏諷正面交鋒，**最重要的是得具備「不要忍氣吞聲」的堅強意志。**

舉例來說，只要想到「我可以忍受任何處境」，你的自我肯定感自然就會提升，要讚美自己：「在這種處境下還可以反駁對方，真是太厲害了！」

以前我曾被公司裡的女同事集體忽視，當時仍然繼續鼓勵自己說：「儘管她們集體排擠，我還是毫不氣餒地努力工作，真是太厲害了！」

當你遭到排擠、霸凌時，自我肯定感一定會越來越低落，因此至少要讓心情好一些，這點非常重要；你要不斷地讚美自己，讓內心充滿能量，就從這部分做起。

回應練習 9

在對公司有利的工作上堅持到底

我認為，實現夢想最重要的一件事，就是「堅持到底」。如果能堅持不懈，大部分的夢想都會實現。

一般來說，堅持到底、死纏爛打，某些時候也會給人一種負面的印象，但是在商場上，堅持不懈直到對方甘拜下風，絕對不是一種消極的作為，反而會成為成功的契機。

舉例來說，相信很多人都遇過這種狀況：轉調到新單位或是換了新公司，遇到的上司卻是個討厭鬼——我也有過這樣的經驗。

不知為何，我在調職之後遇到的新上司，從第一次見面開始就對我抱持著敵意，每次我在會議上提出想法或意見，總會遭到他的反對。

我不知道為什麼必須受到這麼嚴重的騷擾，坦白說，這讓我漸漸失去了工作的動力。即便找朋友商量過，卻還是找不到理想的解決辦法，他們也只能說：「你遇到不對的上司了！」、「看來只能忍到上司調職為止了。」這些話，讓我幾乎要放棄了。

在對的事情上堅持，為自己建立「會做事」的印象

但是，這裡有一點要特別注意，如果對方是你的上司，他恐怕會故意給你很差的考核分數。現在有許多的企業，都是採用考績會直接影響薪資的人事制度，因為上司的考核分數而導致收入明顯減少的例子，其實並不罕見。

因此，你不能慢條斯理地想著忍到上司調職為止就好，這是以前的上司

帶來的教訓，讓我下定決心對無緣無故排擠我的上司，從頭到尾死纏不放。

最重要的是，你要做好堅持不懈的心理準備，直到對方（＝上司）甘拜下風為止。接著，**你要給對方留下「會做事的人」、「熱忱」、「有毅力」的印象。**

我在實際驗證的過程中，覺得最有效的做法，**就是在不能退讓的工作上徹底堅持下去。**只要是對公司有利的提案，我就沒必要顧慮，雖然上司似乎很傷腦筋的樣子，但是當時我還是堅持自己的意見。

即使暫時退下，但到第二天，我還是會繼續堅持到底，積極提出建議：「我已經多方考慮過了，但是覺得這裡還是有改進的空間……」，並且給人留下一種印象，我就是一個「堅持不懈的人」。

結果，上司好像覺得我是一個不好應付的人，接下來就沒再瞧不起我了。日後，由於我在公司的考核分數也不斷提升，這種「堅持不懈作戰計畫」，應該算是大獲成功。

就像這樣，即便你在公司裡遇到了一個討人厭的上司，只要你一直堅持下去，事情就很有可能會好轉，重點在於絕對不能放棄。

就算上司的態度沒有改變，但是其他部門的主管也會看到你的表現，甚至部門經理也可能會留意到。即便上司表現得很冷漠，也不要氣餒，充滿熱忱又堅持不懈的工作態度，總有一天會得到賞識。

許多成功的人都表示，成功的關鍵在於你對「夢想」以及「願望」要堅持下去，永不放棄。「堅持到底」，想必就是通往成功的關鍵字之一。

回應練習 10

不喜歡的事，就直接說「不喜歡」

直到今天，還是有很多人只要事情能夠圓滿解決，就會選擇忍氣吞聲，而不會堅持己見。這是不願起衝突的美德之一，但是現在已經不是一個忍耐就好的時代了。

當你在職場上受到騷擾和霸凌，絕對不可以一味地忍氣吞聲、哭著入睡；**即便是小事，當你覺得不對勁的時候，最重要的就是要明確表現出來。**以下跟大家分享我的朋友J小姐的故事。

無法配合的工作，要冷靜地提出自己的想法

Ｊ小姐今年四十幾歲，是一家中小企業製造商的正職員工，熱衷於自己的興趣，享受著單身生活。

後來Ｊ小姐的公司雇用了一名兼職人員Ｋ小姐，她是名單親媽媽。有一天，Ｋ小姐的孩子發燒了，於是直屬上司請Ｊ小姐代她加班。

這一天Ｊ小姐原本預訂要參加業餘同好的聚會，但是因為念在Ｋ小姐處境艱難，儘管沒有加班費，但她還是接下了工作。沒想到從那一天起，Ｋ小姐就開始經常將工作丟給Ｊ小姐。

當Ｊ小姐表明，這個月她手上的工作也很多，上司便問：「怎麼回事？一開始不是很樂意幫忙嗎？」、「你不願意協助同事的工作嗎？」讓Ｊ小姐無法再說什麼。

此後，Ｊ小姐就像理所當然一樣被迫無償加班，而一開始還會覺得很不

好意思的K小姐，後來也不再說什麼感謝的話了。

如果說J小姐有做錯的地方，就是在一開始的階段，沒有明確告訴直屬上司，她自己也有事情，而且不想無償加班。

「只要忍耐這次就好」——當你只是在心裡這麼想，卻沒有採取任何行動，結果就會喪失表達的時機，最終會陷入被迫忍受的吃虧立場。

因此，我建議J小姐：「最好從現在開始，慢慢地表達自己的想法。在職場上什麼話都不說的話，別人就會覺得你願意接受。即使很難說出口，最好也要表示出來。」

在職場上遇到不喜歡的事情，最重要的就是不要忍耐，而要明確表達「不喜歡」，但是並不是要你找人吵架。

「我無法滿足你的要求」——只要像這樣，冷靜地表明自己的意思就行了。最重要的就是踏出拒絕的第一步，一切就會有所進展。

第3章

不爭論、不回嗆，避免衝突的聰明回話

從這一章開始，終於要一一說明如何實際運用對付職場討厭鬼的精準回話技巧，希望大家能保護自己在辦公室裡免於受到討厭鬼的傷害。

在這一章當中，我將會教大家不必和討厭鬼正面衝突，也能以智取勝的聰明回話方式。這種回話並不是為了與對手直球對決，尤其是面對道德騷擾加害人，和他們講道理是行不通的。這樣只會讓場面更加火爆，最終只是在浪費你的時間與精力。

討厭鬼們以言語和態度騷擾、霸凌你的時候，根本不會意識到自己有錯。他們會言語挑釁、說些無中生有的話來攻擊你，或是來挑你毛病，和對方正面衝突只會感到筋疲力盡，一點好處也沒有。

自始至終，你只須要記住：避免正面衝突，保護自己為優先。這就是聰明回話的意義所在，也是如何精準回覆討厭鬼的精髓。

我會舉出在各個職場常見的九種案例狀況，例如「莫名其妙一直吹毛求疵時」、「被捲入不合理的事情」、「聽到毫無根據的謠言時」，再針對每個案例提出有效的聰明回話方式。

案例1

突然被同事找碴、擺臉色時，該怎麼辦？

你是否曾經遇過，職場上某個「愛生氣的人」讓你暗暗地有些害怕，某天，對方竟因為一件莫名其妙的事情，突然對你大聲怒罵，或是吹毛求疵呢？不管在哪一個職場上，總是會有一些脾氣暴躁的人，會為了一點小事就突然動怒，或是面露不悅的表情。

請大家回想一下第一章介紹過的職場討厭鬼的七種類型，這種人就是七種類型當中的類型（4），也就是會把壓力發洩在其他人身上的「慣性遷怒」類型。

如果你突然被這種人大聲怒罵或是吹毛求疵時，應該如何因應呢？接下來我會舉一個實例，教大家無須正面衝突、聰明回話保護自己的方法。

【實例】

A先生在一家中型廣告公司工作了五年，他的主要工作是上門推銷，開發新客戶。一開始他並不懂得如何拜訪陌生客戶，不過大約從第三年開始，逐漸掌握到應對客人的技巧，如今已經是部門裡的頂尖業務員。

另一方面，隔壁部門有一位B先生與A先生同期，雖然業績是名列前茅，但是他強硬的銷售技巧卻也三番兩次引起糾紛。此外，由於B先生總是面露不悅又脾氣暴躁，同事們已經完全把他定位成一個愛生氣的人。

有一天，A先生一回到公司，B先生便一臉兇狠地走向A先生。

「你太過分了吧！那家店我已經注意很久了，你居然搶我的CASE！看不起我嗎？」

看來，是A先生簽下了B先生之前一直緊盯的客戶。然而，A先生並不知道B先生一直在接洽同一家店，他不是故意要搶走這個客戶。A先生忍不住想要反駁，當下卻突然看到周圍的同事，都屏氣凝神地看著他們兩人。

（不行，如果現在我反駁的話，就會和B變成同一種類型的人了。）

（但是對方把我說成這樣、我卻還默默離開的話，就像在承認我做錯了一樣。而且我也不希望讓人覺得我是個可恥之徒……）

A先生到底該怎麼做，才能度過這個難關呢？

聰明回話

不要回應爭論點，冷靜地安撫對方、表現高度

A先生突然遭到平時總是脾氣暴躁的B先生攻擊，這時與對方直球對決未免有點幼稚，同時為了避免工作氣氛變糟，也要盡量避免衝突。

但若是乖乖讓步或道歉的話，就等於是認輸了；本來就沒有做什麼必須道歉的事情，根本就沒有什麼好道歉的。

A先生陷入了困境，但是在這種情況下，直接回嗆B先生並不是一個好主意，因為可能會讓旁邊的同事們認為，他們是屬於同一種類型、喜歡吵架的人。話雖如此，一直讓人指手畫腳又會覺得自己很委屈，感到很氣憤。

在這種情況下，最有效的聰明回話方式，就是不要受人挑釁，而要轉移爭論點。這可說是一種提升到更高層次的技巧，不必和對方處在同一個擂台上。

即使對方情緒激動，步步進逼地說「你太過分了」！你也要保持冷靜地回應：**「請你稍微冷靜一點。」、「等你冷靜下來我們再說。」**不必認真回

應對方想吵架的內容，而要轉移爭論點。

當你受到對方挑釁時，一旦加以反駁，對方只會不甘示弱地繼續你來我往，爭論會永無止境地持續下去，浪費你的體力和精力；而且周圍的同事會認為，你和平日就愛生氣的對方是同一類的人，最終吃虧的還是你。

你無須與對方處於同一擂台，**要站在比對方更高層次的地方出言安撫或教訓，才會更有效果，而且也會給周圍的人留下好印象。**看似冗長乏味，但要記得，完全沒有必要觸及或是回應爭論點。

就像前面提到的這個案例，當B先生跟A先生說：「你太過分了吧！那家店我已經注意很久了。」

A先生要刻意站在比B先生更高層次的地方，安撫情緒激動的對方：「請你稍微冷靜一點。」、「等你冷靜下來我們再說。」、「不要生氣。」

即使B先生進一步追擊：「你居然搶我的CASE！看不起我嗎？」A先生也完全沒必要回應這個問題，要繼續採取安撫態度：「你這樣好可怕。」、「你不要那麼生氣。」、「請你冷靜下來！」

如果這時上司走過來的話，A先生就要用平靜的語氣報告此事：「B似乎有點激動了。」「我想只要他能冷靜下來談一談，應該就會明白……」這樣效果會更好。

完全不要觸及B先生認定的問題點，也就是「A是否搶走了自己的客戶」，A先生只要堅持自己的立場，持續表現出高度，冷靜地安撫在公司裡大發雷霆的B先生。

客觀地觀察A先生和B先生的狀況進行比較時，大部分的同事們會認定，是冷靜處理事情的A先生占了上風。

絕對不要回應爭論點，而要以類似第三者的立場，告訴對方「冷靜下來」，並且不停地出言安撫或是訓誡。

只需要這麼做，就是一個非常明智的回應方法，讓你根本不必與對方正面交鋒，還可以讓自己提升到比對手更高層次的地位。記住這個回應技巧，無論遇到任何狀況都能保護好自己。

案例2

上司情緒不穩、處處挑剔時，該怎麼辦？

在案例（1）中提到的聰明回話方式「不要回應爭論點，冷靜地安撫對方」，雖然效果非常好，但是要注意一件事：這種護身術用在前輩、後輩、同事之間的關係上會很有效果，但是面對身為管理職的上司時，就得好好思考如何運用了。

因為採取案例（1）的做法，有時可能會讓你的上司更加生氣，也可能無法得到周圍的人的共鳴。即使是再不合理的理由，被管理職的上司斥責的一般員工，也很難說出「經理請你冷靜一下」、「你好像很激動」之類的話。

這時，你應該怎麼做才好呢？

【實例】

C小姐大學畢業後就在一家大型建設公司工作，今年邁入第七年了。她對這份工作十分滿意，因為工作符合自己的期望，有幸被分配到適當的部門，為當地振興發展做出貢獻。

唯一困擾C小姐的人，就是她的直屬上司D課長。雖然乍看之下D課長是個個性溫和的人，但是實際上卻是喜怒無常，常常會突然發脾氣遷怒他人，還會言語挑釁。

有一天，也許是D課長心情不太好，他走到C小姐身邊連番發問：「你進公司第幾年了？」、「有結婚的計畫嗎？」、「最近都沒有認真工作吧？你的私生活出了什麼問題嗎？」

C小姐就這樣一直被喋喋不休地問及一些完全與工作無關的事

情，她的理智線突然斷掉了！C小姐的個性本來就不會忍氣吞聲，於是她下定決心，絕不能再容忍這種情況。

聰明回話

刻意保持沉默，什麼話都不說

D課長在職場討厭鬼的七種類型當中，屬於類型（2）「希望事情照自己的意思去做」的自我中心類型，就是典型的會道德騷擾的上司，或許也可以歸類為類型（4），就是會把壓力發洩在其他人身上的慣性遷怒類型。

到了最後關頭，要全面對決也是可以，C小姐可以直言D課長是在道德騷擾，並提出要向人事部申訴；只不過，我必須先提醒一點，在沒有客觀證據的情況下這麼做，對C小姐來說會十分不利。

C小姐一定會被要求拿出上司職權霸凌的證據，而且在最壞的情況下，騷擾行為可能會變得更加嚴重。因此，**我會建議使用刻意保持沉默、什麼話都不說的聰明回應技巧**。

當上司用了百般藉口來找碴，或是說一些不合理的話來侮辱你的時候，刻意保持沉默、什麼話都不說的方法，會出乎意料地有效果。

「什麼話都不說」，不但是一種表達意見很好的方式，也是一種保護自己的方法。當你一直保持沉默，刻意不回應上司道德騷擾的言語暴力，他說出口的話就會像空氣一樣，徒勞無功。

接下來，上司可能會開始不耐煩，或開始大小聲，但你完全不必在意這種情形。**乍看之下，「保持沉默」似乎是一種消極的做法，但是事實上卻是一種可以從對方手中奪回主導權的有效回應。**

當你什麼話都不說的時候，也就不會被人抓住把柄。看到單方面受到攻擊後保持沉默的下屬，同事們會納悶發生什麼事了，在某些情況下，還可以讓辦公室的其他人站在你這邊。

順帶一提，C小姐除了對D課長保持沉默之外，據說她還注視著對方的眼睛，露出微笑。

雖然這麼做令人毛骨悚然，不過D課長大概是被C小姐出人意料的反擊給壓制住了，於是他突然態度軟化，並隨口丟下一句「反正你給我好好努力」，接著便離開了。

有別於被人惹怒，或是別人對你說了不好聽的話之後，才一聲不響地保持沉默，「刻意保持沉默」有時也會成為一種強大的武器，可以用來擊退道德騷擾的上司。

只要你充分理解一言不發的效果並且實際運用，就如同你手握強大的武器一樣。對於對手突如其來的攻擊也會非常有效果，利用沉默不語當武器，好好地善加運用。

案例3

上司老是關切工作內容，感覺自己不被信任

職場上一定會有這類型的討厭鬼，他們會三番兩次來問你同樣的事情，或是滿不在乎地提出沒禮貌的問題。

具體來說，就是那些會經常來問你「都幾歲了怎麼還沒結婚？」、「你有在存錢養老嗎？」這些問題的不識相同事。

還有一些正職員工會白目地發問：「派遣員工應該沒有獎金吧？」、「公司有給交通補助嗎？」、「你打算一直當派遣嗎？」當隱約感覺到對方有些瞧不起你的時候，一定會感到很火大吧？

而如果上司三番兩次地詢問：「真的沒問題嗎？」你會發現他並沒有十分信任你，這時也讓人覺得很不舒服。

如何保護自己免於受到這種不長眼的人的傷害？接著來看看實例和聰明回話的技巧吧！

【實例】

E先生的上司F先生，很常關切E先生的工作狀況：「你真的沒問題嗎？」

當被人三番兩次地問「沒問題嗎？」、「可以嗎？」會感到很無奈，難道自己這麼不值得信任嗎？

每次E先生聽到F先生問：「你沒問題嗎？」他都會積極地回說：「沒問題。」、「我會努力。」可是F先生最近被問得很疲乏。

再加上他本身也不是做事手腳很快的人，當F先生一次又一次地向他確認：「你沒問題嗎？」他也莫可奈何，便不想再回應。

沒想到有一天，當E先生正在花時間準備F先生交代的資料時，F先生竟然用嚴厲的語氣跟他說：「你做事速度真的很慢，真的沒問題嗎？」

其實，F先生並沒有詳細指示該準備怎樣的資料，大部分的工作都是交給E先生負責。然而，F先生卻突然跟E先生說「你做事速度很慢！」、「沒問題嗎？」，讓E先生真的被惹火。

面對F先生這樣的上司，如何回應才能有效果呢？

聰明回話 乾脆承認自己需要幫助，反問上司要怎麼做

不幸的是，有些上司並不信任下屬，於是會透過有些瞧不起的方式來釋

放壓力，以保持心理上的平衡。

這種人在職場討厭鬼的七種類型中，屬於類型（4）把壓力發洩在其他人身上的慣性遷怒類型。在實例中提到的F先生，也許就是藉由一遍又一遍地向E先生確認「你沒問題嗎？」來釋放壓力。

「你沒問題嗎？」這句話乍看之下，往往會被視為在為對方著想，充滿善意，但是頻繁使用的話，意思就會完全反過來，變成「我不信任你」。

另外還有「你有聽懂嗎？」在這種情況下，上司並不是在親切地詢問下屬是否理解了，完全就是在諷刺。不過從表面上看起來，這並不是一句瞧不起人的話，因為你無法一口咬定對方在罵人，所以才很麻煩。

如果你的上司不斷反覆地問：「你沒問題嗎？」、「真的聽懂了嗎？」，該怎麼做才好？**其實很簡單，就是乾脆地承認：「我有問題（我沒聽懂），請你教教我。」**

從上司的角度來看，這簡直是一種意想不到的反擊，這會讓他感到威脅，聽到你這樣一回，他應該就再也無話可說了。

聽到上司問「你沒問題嗎？」的時候，絕大多數的人都會反射性地回答「我沒問題」，因為在不想被上司覺得自己無能或不想讓上司過於擔心的心理作用下，才會讓你作出這樣的回答。

再加上還有一些人因為自尊心的因素，無法坦白承認自己有問題，或是覺得這是不負責任的說法。

我十分理解那種感覺，然而，就像這次的案例一樣，**面對一個會不斷詢問「沒問題嗎？」的上司，完全不需要有這樣的擔憂或自尊心。**你要乾脆地承認「我有問題」、「我還不太明白」，光是這麼做，就會讓你的心情輕鬆許多。

「對不起，我有問題。」

「我做事速度慢，給你添麻煩了。」

「希望你能給我明確的指示。」

放下顧忌、冷靜地說出來看看，接下來，你再解釋「為什麼有問題」的話，和上司之間就可以進行有建設性的對話了。

如果這麼做之後，你的上司還是沒完沒了地來問：「你真的沒問題嗎？」這時就可以堅定地回答：「請你適可而止，這樣真的很沒禮貌。」當對方真的太過分的時候，就不必繼續給他應有的尊重了。

案例4

上司總是愛提當年勇，煩不勝煩

想必有很多人都厭倦了總是愛提當年勇的上司吧？

——年輕時業績超好，被封為「業務部王牌」。

——學生時期年輕氣盛，一直是帶頭搗蛋的調皮鬼。

——小時候人人都誇很有天賦，國中考試進了前三名的學校。

上司一旦開始吹噓自己的過往，就再也停不下來。在接下來的案例（4），我會為大家介紹該如何聰明回話，擺脫這種惱人的困境。

【實例】

G先生也是對總愛提當年勇的上司感到十分困擾的人之一。H經理離開產線五年多了，完全不了解現場人員的辛苦。儘管如此，他還是會來對站在第一線努力工作的G先生等人指手畫腳，將現場搞得一團亂。

讓他來參加部門聚餐雖然無傷大雅，但是他每次喝醉後一定會開始吹噓，還一定要找人聽他說。這些狀況讓人深切地感受到，H經理想要支配產線及下屬的壓力。

G先生在部門裡屬於比較年輕輩的員工，因此經常被「推派」去聽H經理大談自己的當年勇，總是很傷腦筋該如何回應。

聰明回話

用大量的讚美和提問滿足對方的自戀

會不知羞恥地自我吹噓的上司，絕大多數都是基於強烈的自戀，渴望得到認同以及想要滿足自尊心，這在職場討厭鬼的七種類型中，正是屬於類型（3）的狂刷存在感類型。

希望別人多誇獎、渴望別人多認同的心情十分強烈，比別人更在意他人的評價。你必須小心這種類型的人，當他們渴望得到認同的心情無法得到滿足的話，就會公然表達不滿或是遷怒別人。

歸根結底，上司只是想讓下屬認同自己很厲害、很棒而已。對這種類型的人來說，最有效的回應就是直接說出上司希望聽到的話，**也就是用大量的讚美滿足對方渴望得到認同的心情**。

事實上，透過這種方式滿足H經理渴望得到認同的心情之後，他的心情一直都很愉快，也不太會來干預現場了。這種用讚美話語滿足渴望得到認同的心情的聰明回話，其實對於節省時間和精力是最有幫助的。至於有哪些一擊必中的讚美話術呢？推薦大家以下這幾句非常有效的讚美公式。

「只有經理才能做到啊！」

「這麼短的時間內做到這麼高的業績，真是太厲害了。」

「實在是太棒了！」

「機會難得，今天就拜託經理教教我們。」

「謝謝經理的指導，以前都不知道要這樣做。」

但是在另一方面，**如果以上這幾句讚美公式說得太頻繁，可能會讓人覺得像是在說謊，要特別小心。**當對方認為你是別有意圖才刻意吹捧的時候，不僅效果會大打折扣，還會覺得你是個只會說好話刻意討好的人，進而造成負面影響。

因此，我會建議大家使用另一種聰明回應，也就是不斷提出問題、「尋求指導」的做法。狂刷存在感類型非常強烈渴望得到認同，最喜歡別人對他感興趣，因此要表現出想了解他們、希望他們給你指導的心情，試著想到什麼就直接提問。

在實例中提到的這位H經理，業務部所有的大客戶都是他之前開發的，他就是這麼一個戰功彪炳並留下優異實績的人。因此最好的問題，就是向H經理請教當初是如何獲得現今的成就，例如：

「你是如何從零開始開發新客戶的？」

「你是從哪裡學會如何做業務的？」

「怎麼做才能變得像H經理一樣？」

「經理應該也有過失敗後振作的經驗吧？好想聽聽這段故事。」

「這是我第一次帶人，想請教怎樣才能讓下屬信服的祕訣。」

當你順著H經理的話在回應時，試著刻意運用前面提到的讚美公式。透過讚美滿足對方渴望得到認同的心情時，**最重要的一點就是千萬要小心，別讓對方認為你的讚美是別有意圖。**

只要好好運用讚美和提問，不僅能解決上司老愛提當年勇的困擾，運用在其他人身上，也是一個增進人際關係的方法，請大家一定要試看看。

案例5

聽到關於自己的流言和八卦

你是否曾經在職場上，被人傳過毫無根據的謠言呢？例如：

「她在勾引男人。／她的目標是○○先生。」

「他老是在拍課長及經理的馬屁。」

「他是靠關係才會被分配到很好的部門。」

絕大多數毫無根據的謠言，都是起因於嫉妒，或是單純的霸凌行為，根本沒必要放在心上。只不過，當你親耳聽到的時候，心情還是好不起來，這時候又該如何回應呢？

【實例】

I小姐大學畢業後，便如願進入一家托兒所工作，工作十分快樂，小朋友們也很可愛。

就在這時候，同事J小姐一開口就跟她說，「不知道應不應該告訴你」，因為在托兒所裡四處謠傳著「I老師很愛裝可愛，一直在討好爸爸們」。

坦白說，I小姐的聲音有些甜中帶沙啞，聽起來很可愛，但是她自己完全不覺得有在「討好異性」。會傳出這樣的謠言，讓她十分震驚。

從那時起，她開始密切注意自己的行為舉止及說話方式。但是過了不久，她又聽到J小姐說：

「媽媽們都很擔心，由I老師當班導師會不會有問題？」

「聽說I老師不喜歡托兒所的工作，帶小朋友時似乎覺得很無趣。」

由於這個謠言實在太離譜了，I小姐這才意識到，自己被別人的評價及謠言等不實消息給誤導了。

聰明回話

不用急著解釋，表現出不在乎的冷淡態度

俗話說「謠言只能傳七十五日」，意思是謠言只會一時流傳，不必過於在意，但那是過去的事了，在資訊科技發達的現代社會，頂多只能傳三十天左右吧？

就算傳出奇怪的謠言，如果毫無根據的話，根本不必在意，只要經過一個月的時間，謠言很快就會消失。尤其是在職場上的流言蜚語或造謠中傷，要是每件事都很在意的話，光煩這些事情就夠受了。

當你聽到關於自己的謠言，並感到惴惴不安的話，就是在承認這項謠言是真的。謠言這種東西，如果沒有火上加油，過陣子就會自行消失；**不管別人怎麼問，你都要一概否認，然後一笑置之。**

在上述的案例中，後來無論I小姐從J小姐那裡聽到了什麼謠言，她都當作沒事發生一樣，只是淡淡地表示原來有這樣的流言，並始終面無表情地當作耳邊風。

重點在於要保持不在乎的態度，無論謠言如何流傳，就算有人跟你說了什麼，都只要這樣回答就好：**「所以呢？／那又怎樣？／原來是這樣。／然後呢？／原來如此。」**不要讓傳流言的人察覺到你因此受傷了。

家長們也發現到I小姐對工作充滿熱忱的認真態度，再也沒有人傳出中傷她的謠言了。

只不過，每次這種謠言傳出來的時候，J小姐都會特地來告訴I小姐，儘管I小姐並沒有請J小姐這麼做。對此，I小姐不免也有一些想法，為了慎重起見，I小姐還特地說了一番話提醒她：

「雖然我不相信，但是有人說散布謠言的人就是你耶～」

「你最好也要小心，以免像我一樣被人傳出奇怪的謠言。」

會故意讓謠言傳入當事人耳裡，就是因為不少人都有一種殘忍的心態，想看看當事人聽到這些謠言之後的反應。面對這些人，如果你面無表情地置若罔聞，同時牽制對方說：「有人說這些謠言是你散布的，當然我並不相信……」，如此一來還能有效預防下次再度發生。

完全沒必要去聽讓你不愉快的事，當然，如果是為了當事人好而提出的建議，即使再難聽你也必須聽進去，但是這僅限於對方親口向你提出建議，這和讓人聽了會不愉快的流言蜚語有著本質上的差異，大家要留意別誤解了。

案例6

如何讓態度強硬又排外的資深老鳥變成自己人？

每個職場都會有在公司工作多年的資深員工，若這名員工是女性，常會被其他同事私下冠以「太后」之類的綽號，年輕員工都很害怕她的存在。

身為一名資深員工，十分了解公司裡的大小事務，認為自己是公司不可或缺的一員而深感自豪。事實上，工作能力強的人也很多，他們的存在會對職場上的人際關係帶來巨大影響。

當資深老鳥帶頭霸凌騷擾時，會相當麻煩，但是讓老鳥變成自己人後，沒有人比他更可靠。接著就來說明，該如何讓資深老鳥變成自己人的方法。

【實例】

K小姐進公司第三年後，從業務一課調到了三課。當她得知調部門的消息時，內心感到十分震驚，不知道自己為什麼會被調到那個業務三課。

同事們似乎也很擔心，紛紛安慰她：「好好加油！」、「千萬不要離職了！」

因為在業務三課裡，有一個人盡皆知的資深老鳥L小姐。

L小姐相當資深，進公司已經三十年了。她和業務部的經理是同期進公司的，而且聽說業務三課的課長剛進公司時曾被L小姐帶過，在她面前都小心翼翼、畢恭畢敬。甚至有傳言說，好幾個被派到三課的女員工，都是因為L小姐的關係才會離職……。

K小姐戰戰兢兢地來到三課，才剛到職就受到L小姐的洗禮。

就算K小姐主動打招呼說早安，L小姐也完全沒有反應；當K

小姐為客人送茶時，她不但出言挑剔，甚至還故意提到K小姐待的前一個部門：「你在一課沒有學過這個嗎？茶要從客人的右手邊遞上去！」

遇到行政工作上有不明白的地方，向她請教，得到的回答是要她自己好好想一想，並不願意提供協助。最後更慘遭L小姐譏諷：「剛剛的〇〇你處理得很糟！我還要在後面幫你收拾爛攤子。真不知道你在大學都學了些什麼……。」

起初K小姐一直在想，如何在不觸怒I小姐的情況下和她打好關係，但是後來發現這麼做根本是在白費力氣。乍看之下，L小姐的態度令人無所適從。

K小姐究竟該怎麼做，才能讓L小姐接納她呢？

聰明回話

找出彼此的共同點，做為突破口

資深老鳥在職場上擁有一定的權力，他們對公司內的人際關係十分熟悉，一旦惹毛他們就麻煩了。有時候資深老鳥還會帶頭發起霸凌和騷擾，因此要特別小心。

假如資深老鳥非常清楚總經理或經理等高階主管剛進公司時的情形，有些上司還會不敢對老鳥提出警告。

就像實例中的L小姐一樣，資深老鳥會做出欺負新人的騷擾行為，就是因為不希望自己勢力範圍遭人侵犯的心理在作祟。一旦新人的工作能力比自己強，他們就會擔心自己在公司裡會失去一席之地。此外，也有一些例子是資深老鳥自己一直感受到壓力，於是針對相較之下弱勢的人當作壓力的出口。

換句話說，這些人綜合了試圖將壓力發洩在其他人身上的慣性遷怒類型，加上被挑起反抗心後、試圖展現優越感的愛比較類型，還有最喜歡欺負弱者的惡霸類型——以上就是資深老鳥的特點。

無論如何，如果和資深老鳥為敵的話，那就麻煩大了！希望你不要正面衝突，而要聰明應戰。身為資深老鳥的前輩同事最討厭的，就是工作做不好、卻總是囉哩囉嗦的人。

記住一個大前提，不要一開始就試圖接近對方，首先你要努力在工作有表現，讓對方認同你的實力。接下來，你要查探對方的興趣及嗜好，**找到你們的共同點，再逐漸縮短彼此之間的距離**，這樣的作戰計畫才會見效。

一旦你和對方關係越來越好之後，你再誠懇地請教對方，或是拜託對方提供建議，他們就會覺得很高興。

於是，K小姐姑且不去在意L小姐的存在，與她保持一定的距離，靜靜地做著自己的工作。縱使L小姐無視K小姐，她還是會打聲招呼，然後專心地埋首於工作當中。

就這樣平靜地過了半年左右，L小姐的態度逐漸發生轉變，開始慢慢地會主動找K小姐說話了。從那時起，**K小姐著手一步步查探L小姐的興趣還**

有喜歡的事物。

「放假的時候，你都在做什麼？」

「聽說你的興趣是看書，你都喜歡什麼類型的書呢？」

「你的髮型很好看，你都去哪一家髮廊呢？」

K小姐就像這樣，一點一點地詢問L小姐，找出彼此的共同點。

後來，K小姐發現L小姐喜歡看韓劇，假日也會上網看影片度過一天。事實上，K小姐假日時，也經常會整天上網看影片，於是她馬上去查詢韓劇相關的資料，打算和L小姐開心地聊一聊韓劇。結果，K小姐與L小姐之間的距離越來越近，不知不覺間變成了關係很好的前輩與後輩。一旦變成好朋友之後，在公司內部擁有豐富人脈的L小姐，便成為K小姐十分有力的靠山了。

這個方法非常簡單又容易執行，相信有些人可能會覺得非常意外吧？

不過我敢保證，效果真的非常好。我和身邊的朋友，有很多人都是靠這個方法和公司的資深老鳥變成了好朋友。不知道如何與資深同事相處的人，請務必試試看這個方法。

案例7

假裝要聊天，實則藉機說教和諷刺

在職場上長時間一起工作之後，你就會看到其他人不同的一面。如果和大部分的同事合得來，去上班時也會覺得很開心，一旦有處不來又不喜歡的人在，就會不知不覺變得心情鬱悶。

這個案例中要介紹的，就是假裝沒有惡意、卻將個人的價值觀強迫推銷給你的討厭鬼；還有一些同事，即使只是日常的對話閒聊，都要忍不住展現優越感。

乍看之下，對方是不帶惡意地想聊天攀談，但是當你天真地回應之後，他就會說：「這就是你做不好的原因，你要更努力一點！」於是你被迫莫名其妙地聽他用高高在上的姿態說教，被迫接受他的價值觀。

聽到這些話的人，當然會感到困惑不已。面對那些假裝毫無惡意卻又說話難聽的人，你該如何因應才好呢？

【實例】

M小姐是一名單身的上班族，住在東京都內的老家通勤上班。她本來以為工作和人際關係都很順利，但是最近有一個剛休完育嬰假回來公司上班的同事，竟然話中帶刺地對她說：

「單身真是輕鬆。像我要照顧三個孩子，每天都像在打仗一樣。」「不過單身的人會孤獨死，好可怕喔！」等等，真的讓她覺得很不舒服。

此外，還有一個年長的兼職人員來向她說教：

「住在家裡都不用花錢，真好！你的薪水都存起來了嗎？」

「你要早一點讓父母放心。畢竟說到女人的幸福，還是結婚生子。」

然而，M小姐實在是難以認同這些想法，於是她馬上就回說：

「結婚生子後是否會幸福，應該是因人而異吧？」

沒想到，這名兼職人員卻發起脾氣開始反駁，引發了一場紛爭，結果白白浪費了許多時間。後來M小姐和這位兼職同事每天在公司碰面時，氣氛都變得很尷尬。

聰明回話

裝作沒聽懂，再敷衍了事就好

在實例中出現的討厭鬼，不必多說，正是類型（6）的愛比較；從某方面來說，屬於最麻煩的類型。

這些討厭鬼之所以會說「單身真是輕鬆」，或是「住在家裡都不用花錢真好」，其實是羨慕M小姐住在老家，享受著單身生活。

即使沒有意識到，但是這類型的討厭鬼會情不自禁地羨慕別人，因此才會話中帶刺，伺機攻擊他人。此外，對於M小姐目前單身的這個優點，她們會強迫對方接受「女人的幸福就是結婚」這種價值觀，以便展現優越感，抒發自己的壓力。

強加個人的價值觀，就是一種很明顯的道德騷擾。這就是類型（2）希望事情照自己的意思去做的自我中心類型，在實例中出現的那些討厭鬼，可說是結合了「嫉妒」與「道德騷擾」元素的複合型。

而對於假裝沒有惡意、實則酸言酸語和趁機說教的人，該如何聰明的回擊呢？

這些例子，只不過是將隱藏在內心深處的嫉妒及眼紅等陰暗情緒，加以包裝再表現出來。相信你已經知道，認真回應這樣的人也沒有任何好處。

最有效的應對方式，**就是假裝你沒有察覺到隱含的惡意，微笑著隨意敷衍過去**。舉例來說，當對方跟你說「單身真是輕鬆」時，你便順口接著說：「是啊是啊。」、「你說的對。」

聽到對方說：「單身的人會孤獨死，好可怕喔！」你便假裝同意對方的觀點，閃避話題：「的確也有這種說法。」

如果對方說：「住在家裡都不用花錢，真好！」你就乾脆承認：「我真的很感激爸媽。」

就像這樣，你完全無須理會對方的惡意，全部敷衍打哈哈過去的話，對方的氣勢就會被你削弱，前面那一串攻擊就是白忙一場。這個做法在避免不必要的衝突上，也是非常有效。

另外，M小姐有一個同期的男同事，也經常會沒來由地酸她：「你明明沒什麼實力，還不是靠拍上司馬屁才能升職。」、「因為你是女性，就受到特別待遇。」

不過，是否能夠真的勝任工作，遲早總會見分曉。在這種情況下，同樣不需要氣沖沖地反駁，只要隨意敷衍：「是嗎？我也不太清楚，但是運氣不也是實力的一部分嗎？」

案例8

當下屬或後輩自以爲比你厲害

職場上的討厭鬼，並不只限於你的上司或前輩，在某些情況下，有些人也會受到下屬及後輩的騷擾。

例如操作電腦等3C設備時，年輕人可能比較擅長，有些人會覺得自己被嘲笑而感到沮喪。這種行為稱作「IT騷擾」，即便自己的年資更久或是年紀較長，但是下屬及後輩工作能力強的例子也很常見。

我十分清楚這一點，一旦事情突然牽扯到自己的時候，一種奇怪的自尊就會干擾自己，無法坦然面對……有這種煩惱的人應該很多吧？

【實例】

今年是N先生出社會的第十二年。去年，他通過了一般職轉綜合職的考試，升上了主任，公司開始讓他負責領導團隊的工作。他在公司的評價很好，只要是N先生交代的事，許多其他部門的人都會提供協助。

後來有一位新進員工O先生，被派到N先生的團隊裡。O先生就是時下的年輕人，似乎不擅長上下關係和同儕往來；和他說話時，雖然回應還算恰當，但是有時候會搞不懂他在想什麼，N先生常常不知道該如何與他互動。

就在這時候，團隊內部召開會議，O先生也必須出席。顯然O先生的IT能力很強，這也是他會被錄用的主要原因。

沒想到O先生卻在會議上，對N先生提出的IT相關問題似笑非笑地說：「你連這個也不懂嗎？這是基礎中的基礎。真沒想到你可以做到現在。」說話方式相當刻薄。

然而，可能是O先生說的話也有道理，其他人都保持沉默。N先生就這樣被新進員工O先生，當著所有人的面給羞辱了。

聰明回話

擺出虛心求教的姿態，反過來贏得好評

當你進公司十年之後，知識及經驗都會增加，人脈也會隨之擴張，這時工作會變得越來越有意思。

相信很多人會有更多的後輩甚至帶領下屬，在公司身居需要負責的職位。過去你只要考慮到自己，但是現在你必須照顧下屬，有時根據狀況也需要嚴厲斥責他們。

有些人可能不得不去指導狂妄自大的下屬，或是不知道在想什麼的新進

員工，這時你才終於了解當一個上司的心情。

只是狂妄自大的話還算有可愛的一面，但是當中也有一些下屬或後輩會曝露出競爭心，試圖向你展現優越感，或是用「我認為這樣做行不通！」這種毫無根據的話，正面挑戰你。

因為這種難相處的下屬及後輩而傷腦筋的人，出乎意料地多，他們的行為，就是典型的狂刷存在感類型，強烈需要得到別人認同。

承認不足後再求教，滿足對方需要認同的心

這種類型最主要的原動力，來自於渴望得到認同的心情，他們會覺得「自己明明做得更好……」、「希望別人更加認同自己」。面對這種類型的人，**要暫時放下自尊來回應他們，才是明智的做法。**

而在實例中出現的這位N先生，最後是採取了哪些因應措施呢？

N先生那一天確實因為懊惱和沒面子而失眠，不過自己不太擅長最新的IT工具，這也是事實。N先生下定決心，隔天就直接去找O先生，然後誠懇地低頭求教：

「昨天很抱歉，我問了一個完全不懂的問題。」

「坦白說，我完全是一個機械白痴，對於IT更是不懂，真的很丟臉。」

「看來你很擅長，可以請你教教我嗎？」

O先生似乎被嚇到了，有些害羞地同意，後來便細心地教導N先生。向新進員工低頭這種事，真的很不容易。最後，利用受辱一事巧妙反擊對方的N先生，在公司的評價越來越好。

無關乎年資和年齡，都要放下不明所以的自尊，誠懇地尋求指導，這是很重要的心態。同時還有一個重點，**就是要老實地說出自己不擅長的事情**，例如：「雖然不能都把原因歸咎於自己年紀大了，不過我並不太懂IT的東西。」

接下來再誇獎對方：「看來你很擅長，所以請你一定要教教我。」請對方教教你。舉例來說，「你是這個領域的大師吧～」，像這樣的拜託方式也會很有效果。

如上所述，**認同對方的優點並加以讚美之後，再擺出尋求指導的姿態，對於滿足對方渴望得到認同的心情，才是最有效的方法。**不管對方是下屬還是後輩，你都應該試試看。

就算對方是後輩、年紀比較小，如果你不承認自己的錯誤，擺出盛氣凌人的樣子，或是不夠誠實、謙虛的話，可能會破壞自己在公司裡的評價，還會失去信任。

無論年齡或職位，你都要將「誠實、謙虛」當成座右銘。

案例9

被其他部門的同事莫名其妙地指責

你是否曾經突然被其他部門的人指責，但其實根本不認識對方呢？不知道對方為什麼生氣，或是問題出在哪裡，但是卻被單方面指責：

「因為你的疏失，帶來了很大的麻煩！」

「你要負起責任！」

試著想像一下，對方非常激動又憤怒，於是跑到你的部門大呼小叫的情景。如果可以的話，你一定會想避免這種嚴重的情況。這時，該如何因應才好？

【實例】

二十幾歲的A先生正在辦公桌前準備文件，這時，一個滿臉通紅且十分憤怒的女性站在他面前，自顧自地說個不停：

「你知不知道你的疏失帶來了很大的麻煩！」

「你要怎麼處理？」

A先生完全愣住了，根本不知道發生了什麼事。

後來一問之下，他才知道這名女性是樓下總務部的B小姐，她只要遇到無法接受的事情，就會不假思索地前去任何部門投訴，大家都知道她這一號人物。

A先生突然在一大群人面前，被一個素不相識的同事指手畫腳，他的情緒十分激動，差一點就要恐慌發作了。當時A先生是如何克服這個難關的呢？

聰明回話

保持平靜、重複提問，讓對方先冷靜下來

在任何一家公司，都會有一個不分青紅皂白，突然跑來指責別人的成員。如果這個人是上司或同部門的同事倒還無所謂，但是突然遭到其他部門素不相識的人攻擊的話，任誰都會感到不知所措。

就像遇到奧客一樣，這時候客訴處理的技巧將會派上用場。在第二章「回應練習」的第一點所提到，首先，要慢慢地深呼吸，藉此為自己爭取一些時間。對於對方的先發制人，你要表現得很冷靜，甚至到對手討厭你的程度才會見效。

將動作放慢，並刻意地慢慢說話，記住，關鍵就是放慢速度行動。雖說對方怒氣攻心、跑來指手畫腳，但是無論如何，你一定要想辦法平息對方的怒火。

為自己爭取時間，判斷是否該老實道歉

這時，你要使用一種像是「鸚鵡學舌」般的回應技巧，就是重複對方說過的話。**利用對方說過的話反過來質問，或是找出對方話中不清不楚的地方加以回擊**——這就是回應的關鍵技巧。

當對方說：「你的疏失帶來了很大的麻煩！」可以試著直接用對方說過的話反問：

「你說是『你的疏失』……所以是在說我做錯了嗎？」

「你說『很大的麻煩』，具體來說是發生什麼狀況？」

這時候，也要盡可能放慢速度說話，以便爭取時間，盡全力扭轉局勢。**絕對不能讓對方察覺到你的不安，而是要保持平靜。**接下來，你要用問題轟炸對方。

透過不斷發問，找出他們生氣的原因，讓對方暢所欲言一陣子過後，再

總結對方所說的內容，幫他提出結論：

「所以，你想說的是○○，這就是你的意思嗎？」

「你是說我們部門將工作交代下去之後，接下來就沒有任何指示了嗎？」

「你是說因為不同部門的關係，所以無法因應嗎？」

「你是說交期這麼短，很難應付嗎？」

「你是說電子郵件內容太長，搞不清楚重點嗎？」

諸如此類，**你要想辦法代對方說出想說的話，找出他生氣的原因。**通常在這時候，對方的怒氣就會逐漸平息下來。隨後，你要找一個合適的時間點，再次確認對方說過的話。

祕訣就是用提問的方式，確認到底是哪件事情惹毛對方，舉例來說：

「確定是關於我們置之不理的客訴一事沒錯吧？」

「確定是委託對象搞錯了沒錯吧？」

「確定是交期定得太早了沒錯吧？」

「確定是看不懂電子郵件的重點沒錯吧？」

像這樣重複對方說過的話，再直接簡短摘要，過程中要看著對方的眼睛，誠摯地道歉。在前面用問題轟炸、爭取時間，同時試著平息對方的怒氣。

這意味著你要在腦中思考，這次應該老實地道歉，還是應該藉由對方所說的話來解開誤會。

如果還是無法做出判斷時，就要使出最後的手段，**用以下這句話，先擺脫當下被指著鼻子怒罵的困境：「我會馬上做確認，請給我一些時間。」**

你爭取的時間越多，對方的怒氣就會呈正比例消退得越快。這種方法，對於類似奧客這樣的投訴會特別有效。如果在公司突然被其他部門的人指責了，這一連串回應的技巧，可以讓你盡快從這個場景脫身。

第4章

不內傷、不引戰，一句話強力回擊

在第三章中，我教了大家無須正面衝突、聰明回話的方法。接下來這一章當你提出問題，對方卻叫你「自己想一想」，或是受到否定人格般的言語侮辱，還有裝作是朋友、卻在背後詆毀你……。

遇到不講理的人，就別再讓對方暢所欲言了！讓對方為所欲為，真的很沒意思。如果只是一味忍讓，什麼話都不反駁，只會讓對方一直看不起你。

話雖如此，也不必由你發起攻擊來傷害對手，**從頭到尾你要做的，就是明智地冷靜反擊，一針見血地牽制對方。**

乍看之下，你只是想要自我防禦，實際上這卻是一個實用的技巧，可以影響對手的心理，讓他們重新檢討自己的行為。

接下來為大家介紹的強力回擊案例只是參考，希望你能用適合自己的方式，活用在實際的狀況上。

案例1

誠心提問，卻被回一句「你自己想想看」

當你換工作、調職或是調到不同部門時，可能會擔心能否適應新的工作環境。在這種時候，如果有一位同事或前輩親切地教你有關這個工作場所的規矩和工作內容，就會讓人感到非常安心。

反之，如果你提問之後，同事或前輩不僅沒有親切地指導你，甚至不願意明確給出答案時，你該怎麼辦？

是不是會很擔心，能否在這個工作環境生存下去，當然也會影響到你的工作。如果新職場裡的同事或前輩是一個壞心眼的討厭鬼，當你提問也不願意明確給出答案的話，該如何是好呢？

【實例】

P先生約三十歲，從調職的第一天起就受到前輩的欺負騷擾。P先生的前輩R先生奉上級指示從旁協助P先生，但是因為某種原因，R先生並沒有打算幫助P先生。

不知道R先生是不是對P先生有所不滿，當P先生去問R先生關於交接的案件時，R先生卻理直氣壯地回：「你在問別人問題之前，應該先自己想一想，接著再提問。」

這樣下去工作不會有進展，過了一段時間之後，P先生再次去詢問R先生，結果得到的回覆是：「別讓我老是說重複的話！」令P先生無所適從。

R先生明明一次也沒有教過P先生，卻說別讓他老是說重複的話……這讓P先生實在是不知所措。

然而，要是P先生繼續退縮下去的話，工作會無法完成。P先生該如何強力回擊，才能避免R先生這種騷擾行為越演越烈呢？

強力回擊

利用對方的話語漏洞，不斷提出問題

R先生在職場討厭鬼的七種類型當中，屬於類型（2）「希望事情照自己的意思去做」的自我中心型，這是典型的道德騷擾行為。這種人往往會抓住別人的弱點，在精神上將人逼入絕境，以展現自己的優越感。

對R先生這種會道德騷擾的人講道理，請他好好地交接工作，也是徒勞無功。很多時候他們會說：「工作就是要由自己負起責任，不可以依賴別人。」讓你更加困惑又無法溝通。

然而，就算R先生再推三阻四，他還是P先生的前輩，所以P先生不能明著反抗。在這個案例當中，**有效的做法就是用對方說過的話提問，並找出話中不清楚的漏洞、繼續追根究柢。**

但是這個方法若是想用在上司或前輩身上時，就要特別小心。如果用指責口吻，一定會激怒對方，可能會遭到激烈的反擊。

無理的回應，禁不起反覆的提問

與其指責，不如委婉地提出問題，或是指出不清楚的地方，這樣才會有效果。以P先生為例，當R先生跟他說：「在問別人問題之前，應該先自己想一想，接著再提問。」

P先生應該仔細聽完對方說的話之後，再試著用禮貌的口吻表達自己的看法說：「我有試著思考過了，卻還是不太明白才會來問你。可以請你教教我嗎？」

重點在於自始至終都要保持低姿態和委婉的口吻，如果都這樣做了，對方卻還是說：「別讓我老是說重複的話！」這時，你就可以態度稍微不客氣地酸回去：

「不好意思，如果你沒有重複說的話，我會聽不懂……」

「我想想，這是你第幾次說了呢？」

對方可能會感到不開心，**但是重點是傳達出一種訊息：你不會完全照他說的去做。**

此外，R先生還說了這樣的話——

「大家都是這麼做，所以你也給我這麼做。」

「一般都是這麼做，所以你也要照著做。」

像這樣沒來由地強迫別人接受他的想法，經常用「大家都是」、「一般都是」這類的說法，來施加同儕壓力。面對這種說法時，可以抓住R先生的話柄再提問：

「你說的大家，大概有多少人呢？就連一個反對的人也沒有嗎？」

「你說的一般，是以什麼為基準呢？我不太明白……」

事實上，當P先生不斷提出這樣的問題之後，R先生似乎感到不耐煩了，並且逐漸開始迴避P先生。從此以後，P先生就再也不必擔心R先生扯後腿了。

用對方說過的話來反問，是一種提問的技巧，其實當作強力回擊的話術也能看出不錯的效果。

這次為大家介紹的這個回話技巧，就是直接重複對方的話，應用這個方法從對方的話中得到提示後再回應。除了直接重複對話之外，也可以試著從對方的話中得到提示，再讓話題延續下去，藉此一針見血地牽制對方。

你要聚焦在「大家」和「一般」等關鍵字上，喋喋不休地追問「大家是指哪些人？」、「一般是指什麼狀況？」**當你在對方的話中找到提示，就能反問各式各樣的問題。**事實上，這也是律師在詢問證人時都會使用的技巧。

當你一直委婉地利用對方的說話內容反覆提問，即使是討人厭的上司或前輩，最終應該也會叫苦連天、舉手投降。

案例2

遭到直接的人身攻擊辱罵

在前一個案例提到，利用對方的說話內容反覆提問，這個方法是針對上司及前輩等輩分高的人十分有效的回應技巧。不過，如果你的上司直接對你人身攻擊，嚴重到這個程度的話，就沒必要用委婉的回應技巧為對方設想了——

「我本來對你期待很高，但是現在看來是完全看錯人了。」

「我們部門的臉都丟光了！都是你害的。」

即使你犯下某些過錯或是失敗了，上司也沒有理由罵得這麼難聽！這時請不要猶豫，應該堅定地做出強烈的反擊。

【實例】

為大家介紹一位S小姐的遭遇，她是一位從鄉下調到東京工作的綜合職女員工。

S小姐在鄉下的工作表現十分傲人，受到公司認可而被調到了東京總公司工作。只不過，調職後的部門主管劈頭就對她說：「女性員工之後會結婚生小孩，根本派不上用場，本來很不希望你調過來……。」

S小姐忍不住懷疑自己是不是聽錯了！她完全沒想到，時至今日還會聽到這種男尊女卑的道德騷擾言論。S小姐深信，T先生應該是道德騷擾的慣犯，於是她開始做準備，想要揭發T先生的行為。

她一直隨身帶著錄音筆，以便錄下T先生的發言，也已經查清楚向人事部告發的方式。就在某一天，T先生在專案結束的慶功宴上，對著S小姐人身攻擊又貶低她：

「坦白說，我對你感到很失望。」
「沒想到你居然能進我們公司，人事部真是太沒有眼光了。」

強力回擊

先等幾秒鐘，再態度強硬地直接反擊

T先生所說的話，完全是人身攻擊的道德騷擾發言。縱使對方是上司，而且是在酒後說出這樣的話，也絕對不能原諒。**此時不必揣測、更無須顧慮，必須當下就反擊回去。**

而案例中的S小姐，也對T先生展開了強而有力的言語反擊。在聽到T先生說出人身攻擊又貶低她的言論後，S小姐先等了幾秒鐘，便用低沉的聲音直接回應：

「你說對我感到很失望，這句話是什麼意思？你對我有所期待，那是你的事，想抱怨的話，就去跟人事部說吧！」

「你說『沒想到居然能進我們公司』，這句話是什麼意思？難道你有人事權嗎？或者你是在批評人事部的決策？」

接下來，S小姐再使出最後一擊，強硬地要求T先生道歉。T先生似乎真的被嚇到了，從此之後就像變了一個人，用禮貌的態度對待S小姐了。

重複對方糟糕的人身攻擊，逼問「這什麼意思」

強烈的言語反擊，並不只是單純的回嗆，這時候有一些祕訣可以讓你達到最佳效果，先等幾秒鐘，再重複對方說過的話；抓住對方說出口的人身攻擊，再追問：

「（你說對我感到很失望）這句話是什麼意思？」

「（你說沒想到居然能進我們公司）這句話是什麼意思？」

不要立即回應對方所說的話，而是先等一下，再仔細地逼問對方。如此一來，你才會展現出更大的力量，說出口的話也會威力倍增許多，對方可能會因為你異常的大膽言行而臉色蒼白。

在某些情況下，當你一面向對方強力反擊時，也需要採取錄音或是請周遭人作證人等保險措施。

在處理職場關係的時候，失敗是不被允許的。就像S小姐一樣，建議你在做出強力反擊之前，應慎重做足準備。讓對方清楚知道，你被激怒之後會變得很可怕，那就已經達到當前的目的了。

案例 3

發現自己暗中受到排擠

在職場上，有時會發生暗中排擠的情形。舉例來說，從客人那裡收到點心後，唯獨沒有分給某一個人，這就是「點心排擠」；旅行買回來要給同事的伴手禮，只有某一個人沒分到，就是「伴手禮排擠」。

如果只有發生一次，可以當作是不小心忘記，但是接連發生好幾次的話，可能就是故意為之的霸凌。

要是你能一笑置之，覺得那是如同小孩子的幼稚行為，就無關緊要，**但是當這種事情一再發生的話，心理傷害將會不斷累積，最好要在問題變嚴重之**

前，儘早解決。

接下來為大家介紹，在職場上受到排擠時該如何因應。

【實例】

U先生不知不覺中，在職場上受到「點心排擠」。起初他完全沒有察覺到，後來是一位暗暗同情他的同事偷偷告訴他的。

主謀是同一課的前輩V先生。U先生才想到，最近都沒跟這位前輩交談，他試著去推敲原因，但是卻什麼也想不到。

U先生覺得排擠別人是一種很可笑的行為，幼稚也該有個限度，於是完全不在意，決定靜觀其變。然而，一旦你意識到自己被排擠了，就會開始很在意，這就是人類的心理。

U先生會買一些高級的點心，刻意吃得津津有味的樣子，還會主動發點心給大家吃，可是他卻開心不起來，心裡一直有疙瘩。

此時，U先生決定冒險一試，直接找V先生談一談。他認為，如果一直在意點心排擠的事，將會對工作造成影響。

強力回擊

不要裝沒事，直接面對帶頭者

V先生是一個典型的惡霸類型，最喜歡欺負弱者。當他只有一個人的時候並不需要擔心，但是當他成群結黨的話就要特別小心；這種人為了抒發職場上或家庭裡的壓力，會做出排擠別人的行為。

當你在職場上被這種人排擠時，與其四處想方設法，不如像U先生一樣，單刀直入切中要點，會有效得多。

有一次U先生單獨在茶水間碰上V先生，便直接問了：「V先生，我是不是有什麼地方得罪你了？」

「如果我有冒犯到你的地方，我跟你道歉。只要你直接跟我說，我就會修正。」隨後就低頭示意。接著，V先生果然一臉尷尬地回答，「也沒有什麼得罪不得罪的」，就轉頭離開現場了。

雖然只有這麼一句話，V先生表面上其實看不出什麼變化，但是點心排擠的情形便突然停止了。

面對面對決：「這是排擠嗎？」

面對排擠你的人，要單刀直入、切中要點，真的需要一些勇氣。不過，從U先生的例子可以明顯看出，保證能看出效果。要直接和帶頭者對質，還可以用以下這些說法——

「我反應比較慢，如果有什麼事情，請直接告訴我。」

「請問我有做錯什麼嗎？」

或者你想要更進一步加以應用時，還可以用更直接的表達方式，一針見血地牽制對方，比方說：

「我沒有點心，會不會是你忘記發給我了？」

「只有我沒拿到點心，難道這是點心排擠嗎？」

刻意提出自己沒有被發到點心，能表現出你對於排擠一事完全不為所動。當然，用相反的做法也能看出效果，你可以直接表達沒有被發到點心的難過情緒；大家對於在一群人中唯一受到排擠的人，會有一種莫名的愧疚感，**利用這種感覺，勇敢地和職場惡霸直球對決。**

最喜歡欺負弱者的惡霸類型有一個特點，他們在團體裡會很強，但是一個人時反而很弱。正如我之前提到的，會欺負人的人，大部分都有著脆弱的心靈。

從這方面來看，單刀直入切中要點，坦率地將真心話告訴對方，這種做法才會有效果。每個人都會害怕坦率地說出自己的意見，如果對方就是那個排擠人的主謀，更是如此。

許多人因為不想管閒事、不希望情況再惡化下去、不願意被當作怪人，往往會做出錯誤的選擇，比方想說什麼卻不敢說出口，裝作不在乎的樣子。

只不過，如果你真的不在乎倒也無所謂，但是當你內心深處在意得不得了，卻勉強自己假裝不在乎的話，這樣並不是件好事。既然如此，**你應該鼓起勇氣，將心情表達出來。**

就算當事人沒有感受到你的這份決心，也一定會讓周圍的人感受到；許多人都會忍著並將真心話隱藏起來，但是總有人會欣賞你坦誠的態度。反過來說，如果你在公司裡無法表現出勇氣及決心，就應該到此為止。

如果完全不值得你掛心的話，就要放下它。面對無理的騷擾或排擠，請拿出勇氣直接正面對決；只要誠心地溝通，總會有人理解你的。

案例4

聽到人隨意評論自己的容貌或年齡

儘管針對職權騷擾或性騷擾的規定變得更加嚴格了，但是有一些人還是會針對別人的容貌、年齡或工作表現冷嘲熱諷一番。

有時是惡意的諷刺，不過也有人是不帶惡意卻隨口說出傷人的話，令人十分困擾。

面對這種人，你可以無視他們，也可以抓住對方的話柄加以反駁，但是總會想要避免人際關係變得緊張。而且，你也不會希望別人覺得你很幼稚。

在這種時候，我會推薦大家用幽默反擊。雖然提到「幽默」，卻不是要你講笑話或是有趣的事，而是要笑著用開朗積極的態度回擊。

【實例】

W小姐在紡織工廠工作了整整二十五年，她是名已婚並育有一子的兼職家庭主婦，即將年滿五十歲。

年輕的時候，她堪稱是公司裡的女神，漂亮到其他部門的人都會來爭相目睹她的風采。只不過，最近她在照鏡子時嘆息的次數變多了。

因為工廠裡那些和她感情很好的老同事，開始會這樣說：「W美眉也老了呢~你以前真的很可愛。」

「怎麼會有人這樣說話，是人都會變老啊……」儘管她心裡這麼想，但是一聽到別人說她「老了」的時候，還是會覺得難過。

她就是知道老同事們完全沒有惡意，所以根本沒有想過他們是在道德騷擾或性騷擾而加以指責。遇到這樣的情況，W小姐該如何回應呢？

強力回擊

用笑臉和幽默感表現大氣的態度

「W美眉也老了呢～」有天，W小姐又聽到工廠裡的老同事這樣說，於是便試著幽默地回擊：「唉呀，○○先生也上了年紀了呢！居然會說我看起來老了，是不是眼睛退化了？」

結果，這位老同事放聲哈哈大笑，說自己被反將了一軍，然後便搔著頭離開了。

如果每次聽到調侃或不好聽的話，都要大翻白眼的話，那真的是太累了；在這種情況下，**最好的做法就是假裝沒有察覺到對方說出的負面意圖，並以**

積極的態度回應，會讓你看起來更大氣。

這對於那些毫無惡意、卻一再出言道德騷擾的自我中心類型，尤其見效。

舉例來說，像W小姐這樣，被年紀大的男性調侃說「你老了」的時候，不妨試著語帶諷刺、笑著回：「會嗎？我比〇〇先生年輕多了，不是嗎？」

如果有人問你說：「工作還沒做完嗎？」實則在挖苦你做事很慢的話，就刻意面帶笑容、用愉快的心情回答：「抱歉，我正在處理當中！」

如果有人希望你「快點接下更多業務吧！」，實則在諷刺你幫不上同事的忙，同樣保持笑容、用愉快的口吻回應：「我會盡全力讓自己更好！」

或者，你可以視對象這樣說：「如果你不知道我有哪裡派得上用場，要不要送你使用說明書？」聽到這樣機智地應對，對方說不定會目瞪口呆，自討沒趣。

除此之外，對於「你還不結婚嗎？」這種無意義的閒言閒語，最好用糊弄的方式回應：「我很快就會結婚了，只要找得到對象的話。」

分享一位朋友提供的絕妙回覆，曾經有人刻意地提到她的妝容：「你最近的妝很濃呢！」她的回答是：「因為我在鑽研舞台妝怎麼化呀～」此外，她還聽過有同事「關心」她的臉色總是好蒼白，當時她則是笑著回答：「最近我很迷喪屍電影呢！」

試著用愉快的笑臉，擊退那些別有用心的冷嘲熱諷吧！

案例 5

懷著惡意的嘲諷，一出口就是批評

即便是在挖苦一個人的容貌、年齡、工作表現等方面，如果沒有惡意的話，你還是可以展現幽默感並笑著回應。只不過，如果對方很明顯的是在惡意嘲諷的話，真的很難保持笑容和幽默的心情。

舉例來說，當一個很久不見的同事開你玩笑：「我還以為你懷孕了，你變得好胖喔，都快認不出來了！」或是上司酸言酸語：「我一直都在想，你是不是不適合現在的工作？」

在這種情況下，你會很想做出令對方大吃一驚的反擊，讓他們啞口無言。

這也是一種突襲對方的做法。

在以下這個案例中，我來教大家一個有趣又有效的方法，專門用來回擊這種情況。

【實例】

一大早，X小姐就聽到上司Y先生跟她說：「你是不是很累？你的年齡都寫在臉上了。」以先聲奪人的方式讓她吃了一記悶虧。「明明我昨晚泡了澡、還敷了面膜，晚上十點的美容黃金時間就上床了……為什麼一大早就要聽到這種讓人不愉快的話呢？」

X小姐一早便深受打擊。然而，她知道自己若是把內心的衝擊表現在臉上的話，就輸了。

於是，她微笑著對Y先生說：「早安！我的座右銘是『有錢人不吵架』。先這樣囉～」

說完這句話後，她便轉身離開了。而Y先生則完全愣住，目瞪口呆地看著X小姐的背影。

強力回擊

用諺語化解攻擊，讓對方出乎意料

X小姐用「有錢人不吵架」這句諺語糊弄了Y先生，事實上，這句諺語本身並沒有什麼深刻的含意。

X小姐只是覺得Y先生一大早就對她出言不遜，才隨口說出這句諺語抒發不滿，她想表達的意思是，「我是一個有錢的上流人士，才不會在乎你的無禮言行」！

「其實，我根本不是什麼上流人士……」，後來X小姐不好意思地這樣跟我說。

這樣的回擊，實在是太厲害了！說實話，她用「有錢人不吵架」這句諺語反擊的做法，就是非常有效的一種強力回擊。

這是一種糊弄對方的技巧，突如其來地說出日常會話中不常使用的用詞（諺語或是四字成語），藉此讓對方陷入混亂。

別有意涵的高級酸，巧妙的佔上風

雖然這個方法有些奇特，卻相當有效。而且能用在上司、前輩、同事、後輩、下屬等人身上，用途廣泛，學起來之後會十分方便。

大部分的人突然聽到諺語或是四字成語時，都會因為這句話的意思而分心，思考這句話與對話內容有何關係，於是會陷入混亂。

這就是一種「突襲」，即便諺語或四字成語與對話內容完全不切合，那也無所謂。使用稍微偏離主題的用詞來迷惑對方，效果反而會更好。這個回

話技巧的精髓，就是將對方的攻擊敷衍過去，而不要正面對決。

建議你也要事先記住一些諺語及四字成語，以便隨時運用。

當上司挖苦你，是不是不適合現在的工作，可以試著針對這句話，刻意用一句較接近的諺語回答，比方說：「聽到你這句話，我還真是『禍不單行』。」或是反過來說一些稍微偏離主題的諺語，「俗話說『驕者必敗』」，藉此糊弄對方。

遇到同事評論你的外表時，可以試著一臉嚴肅地回擊：「有一句話叫『人各有所好』，而且『親兄弟，明算帳』！」

甚至可以故意丟出一句毫不相干的諺語：「你聽過『覆水難收』這句話嗎？」就是要讓對方陷入混亂。

覺得使用四字成語會比諺語更容易的人，請試著使用四字成語。例如惡意的評論你「也許不適合現在的工作」時，試著一臉不悅地回答：「你知道什麼是『聽天由命』嗎？」

或是反過來，帶著嘲諷的口吻回擊：「我最喜歡的一個成語，就是『馬耳東風』。」對方應該會一愣，接著忍不住去想這句成語的意思。

如果對方問你「這是什麼意思？」的話，還可以用有些嘲諷的語氣回應：

「你不知道是什麼意思嗎？自己去查查看囉！」

請大家一定要試試看，這種用諺語或成語反過來突襲討厭鬼的「高級酸」回擊法。

案例 6

以爲交情不錯的同事，卻當衆說自己壞話

你一直以為交情很好的同事，當著其他人面前對你說話夾槍帶棒，或是說了損害你名譽的話，這時你會怎麼做？

多數人都會感到錯愕，當下什麼話都說不出來，然後苦笑以對，頂多貧弱地回應「怎麼這樣說」。

當然，有些人也可能直接大發雷霆、對同事的言論提出抗議，但多數時候，對方只要表示剛剛在開玩笑、別當真，就會害你貼上一個「不能開玩笑」的標籤，讓你吃悶虧。

現在就來教大家一個方法，當一直以為交情很好的同事，突然當眾批評甚至貶低你時，該如何巧妙地回擊。

【實例】

Z先生屬於那種老實又不太引人注目的男性，在公司裡，同期的A先生是他為數不多的朋友之一。有一次，A先生碰巧參加了Z先生的部門聚餐。

Z先生部門裡的上司及前輩，很多人都十分優秀，還有一些是未來高階主管的候選人。A先生一直很羨慕Z先生，因為他同部門的同事都很善良，大家都很好相處。

那一天，來參加聚餐的A先生一開口便說：「Z沒什麼朋友，即便在同期當中也不太能融入大家，老實說，只有我會出去陪他喝酒。」

諸如此類，說了一連串貶低的言論。除此之外，A先生甚至還進一步的批評Z先生（外表穿著）有點俗氣，並且說了女生對Z先生的評價很差……等等。

強力回擊

用不帶情緒的「啊，原來如此！」讓他原形畢露

A先生似乎在嫉妒Z先生的地位以及人際關係，十分眼紅，會想辦法找機會扯他後腿；這是典型的愛比較類型，認為自己比對方優秀。也許A先生想透過攻擊Z先生來動搖他的情緒，準備看他情緒失控。

其實越是親近的人，嫉妒或眼紅的心情就越是強烈。不過，只要用一句話，就可以立刻化解這些錯綜複雜的負面情緒：**「啊，原來如此！原來你是這麼想的。」**

事實上「啊，原來如此！」這句話，是非常有用的「魔法咒語」。**當你在面對某件事或某個現象時，這句話代表你如實接受，而沒有加入任何個人情緒。**

德國著名的心理學家芭芭拉·貝克漢（Barbara Beckham），在她的著作《一句話海闊天空：聰明應對關鍵時刻十二法則》中提到：

「『啊，原來如此！』是對這個世界發生的事唯一正確的反應，對於大多數他人做出的攻擊性言行舉止，你只要說一句『啊，原來如此！』就能熬過去。」

不必爭論或回嗆，完美達到回擊的效果

如果你試著去回顧自己的日常生活，當有人對你說了一些難聽的話時，很多人應該都會不帶情緒地回說「原來如此」，或是「你說的沒錯」。芭芭

拉・貝克漢還進一步分析，只要說一句「啊，原來如此！」，就能應付所有的狀況。

在這個案例中，除了「啊，原來如此！」之外，我還要補充最關鍵的一句強力回擊——「原來你是這麼想的」，這句話蘊藏著「原來你是這麼想的，真是過分」的感受，但是並沒有刻意帶入你的情緒。

只要說出這句「原來你是這麼想的」，就能向旁人傳達出你是一個不會情緒化、可以冷靜應對各種狀況的人，**而且不必刻意帶入情緒，也能暗中表現出指責對方的意思。**

在前面的實例中，Z先生聽到A先生的批評，沉默了一會兒之後，只回了一句話：「啊，原來如此！原來你是這麼想的……。」而A先生大概是覺得自討沒趣，便沉默了。自此之後，他再也沒有對Z先生發表負面評論了。

這句話真的很好用，請大家一定要多加運用。

案例 7

被單方面強迫加班、成為辦公室的出氣筒

你在職場上，是否遇過下述這種不合理的情況呢？

被迫接下一個吃虧的工作，或是提問也得不到正確的答案，甚至莫名其妙被上司拿來出氣……。

這些事情會集中在你身上的原因，是因為你被公司的人輕視了，認為你凡事都不會抱怨。他們之所以看不起你，是因為你不會回嘴，再無理的事情也會忍氣吞聲。

那麼，該怎麼做才好呢？

在第二章中，我曾建議大家別當好人，現在我想更進一步，建議你一步步建立起自己是個麻煩人物的作戰計畫。

【實例】

A女士從當地一家工作了十年的銀行離職後，轉到一家中型機械製造廠擔任行政人員。當初換工作的原因，是職場上的人際關係導致她憂鬱症發作，長期請假。

終於恢復健康的A女士，決定在新公司裡盡量避免與周圍的人發生衝突，任何瑣事都願意承擔。

沒想到，A女士的努力還是徒勞無功，上司三不五時就會拿她出氣，同事也會單方面強迫她加班，這種日子一直持續著。

甚至她向同事詢問工作內容，也常常得不到應有的回應，只剩下一位中年女性兼職人員，是A女士唯一的心靈依靠。再這樣下去，說不定她會陷入和前公司一樣的處境……。

A女士的焦慮有增無減，為什麼她總是會遇到相同的情況呢？

強力回擊

從停止道歉開始，建立「不好惹」形象

A女士做事認真，個性謙虛且人品又好，這部分也受到了認可。那麼，為什麼會被周遭的人瞧不起呢？

因為她在別人眼中是一個「濫好人」，凡事都不會抱怨。

當一個職場上有「好人」和「麻煩人物」時，為了減輕自己身上的壓力，蔑視那些不會抱怨的「好人」並討好「麻煩人物」，從某方面來看可說是一個合理的決定。會成為霸凌對象的人，並不是那些受人欺負就會大呼小叫，立刻跑去人事部的麻煩人物，絕大多數都是自認自己沒做好的好人。

由於A女士有前公司的前車之鑑，因此她一直很努力地希望周遭的人覺得她是「好人」。由於A女士這樣的態度，所以大家才會認為拿她出氣，或是強迫她接下吃虧的工作，她都會忍氣吞聲，結果大家都習慣針對她。

不要再道歉，以及每句話都回嗆！

究竟該怎麼做，才能不再當一個「好人」，變成一個討厭鬼或不好惹的麻煩人物呢？**最快速的捷徑，就是停止道歉。**暫時先不要說「對不起」、「不好意思」、「真的很抱歉」。

過去A女士也是像口頭禪一樣，總是重複說著「不好意思」、「真的很抱歉」。當然道歉本身並不是一件壞事，問題在於是不是太常道歉了？明明沒必要道歉，你是否依舊會靠一句「對不起／不好意思」來解決事情？

回想看看，你有沒有在不知不覺間表現出卑微的態度？

接下來，就是要凡事都試著回嘴。如果你受到騷擾卻什麼也不說的話，別人就會認為你能接受現在的處境。不喜歡的事情就要拿出勇氣斷然拒絕，這點非常重要。

誠如第一章介紹過的，你要把自己塑造成不好惹的麻煩人物，先針對感到不滿的事情，試著開始回嘴看看。遇到提問後不給出應有回應的同事，要明確地說：「我有一個工作上的問題想請教你，你可以教教我嗎？」

如果有人單方面強行命令你加班的話，可以這樣回答：「我今天不能加班，不過我可以明天再處理。」

如果有人將公司的瑣事推給你，就立刻反應：「我是來打雜的嗎？是誰決定的？」

諸如此類，就算只有一句話也好，就是要試著頂回去。如此一來，世界就會開始亮起來，說不定你會無法相信，自己過去到底為什麼會一直忍耐、卻毫無怨言？

像這樣子毫無保留，坦誠表達自己的意見，其實一點也不難，而且還能有效改變現狀。用玩遊戲的心態，輕鬆地嘗試改變自己的職場人設看看。

案例 8

被霸道不講理的上司處處針對

當你在職場上遇到麻煩時，如果周圍的人願意為你撐腰的話，你一定會受到鼓舞。

舉例來說，無論在哪個工作環境都會有道德騷擾的上司，完全不聽下屬的意見，試圖將自己的想法強加在對方身上。如果下屬反對自己的想法，就會長篇大論地說教，或是每天用酸言酸語疲勞轟炸下屬。

假如你要指控這名上司道德騷擾的話，你需要錄音等手段做為物證。但是，即使你沒有費盡心思去蒐集證據，只要有多人舉證的話，這些證詞就會成為有力的證據。當你和上司發生衝突時，有多少人會站在你這邊呢？

連一個人也沒有嗎？沒關係，你只要從現在開始結交盟友就行了。

【實例】

A小姐進公司五年了，後來被分配到B先生手下工作，然而相傳B先生是一個會道德騷擾的上司。

B先生從來不聽下屬的意見，屬於那種最終會堅持己見的人。第一次開會時，A小姐對B先生的提案做出了略帶批評的意見，於是從此就被B先生視為眼中釘。

B先生會語帶諷刺地說：「你一定很優秀又充滿自信，才會反對我的想法。」還會說：「女人家還這麼愛出風頭！」、「你要是失敗了就自己看著辦！」給她帶來壓力。而A小姐的耐心，也差不多要到達極限了。

強力回擊

反擊到底，並累積支持者

B先生是個會道德騷擾的典型人物，會希望事情照自己的意思去做。面對這種人，A小姐採取的做法就是公告周知並結交盟友。

這種做法對於理由伯類型，也就是千錯萬錯、都是別人的錯的討厭鬼，也能看出效果。

這種類型的人，單獨與對方爭論是不會有結果的。因為對方永遠不會承認自己的錯誤。每當A小姐聽到B先生說「女人家還這麼愛出風頭」和「你要是失敗了就自己看著辦」，她就會故意以其他人都聽得見的音量，大聲地裝作在開玩笑般地回覆：

「唉呀，這是不是在道德騷擾啊？」

「我必須照B先生說的去做才行嗎？」

累積盟友，需要提升自己的聲望和可信度

另一方面，A小姐平時也開始多次針對B先生的言行舉止，找公司裡的人商量。同時，她在工作上認真付出，努力提升自己在公司的信譽。

A小姐與B先生的說辭，誰才是正確的呢？哪一個人說的是真話呢？**當這種極端的局勢發生時，最終一個人的可信度將會受到考驗。**為了多增加自己的可信度，A小姐平時就很努力讓自己的言行一致。換句話說，就是對自己說過的話負責，至少要努力讓周圍的人認同你，是一個有責任感的人。

經過大約半年之後，B先生的道德騷擾言論越來越嚴重。於是A小姐伺機而動，決定對B先生展開反擊。當B先生又對她說出道德騷擾言論時，A小姐便大聲地回應，試圖讓辦公室的其他人都聽得見：

「B先生，（重複剛剛的騷擾言論）你剛剛說的這些話，完全就是一種道德騷擾！不可原諒！」

看到有別於平日一臉嚴肅的A小姐，大家都往她這邊圍了過來——

「你沒事吧？」

「他跟你說了什麼？」

「我們去向人事部申訴！」

這樣的聲音此起彼落，後來似乎有人聯絡了人事部，人事部的人馬上趕了過來，「B先生包圍網」已經確實成型了，這一刻，A小姐令人感動的努力得到了回報。

我們應該向A小姐學習的地方，就是在公司裡扎根非一日可成，這意味著需要不斷地努力。請大家記住，想要抵制騷擾需要某種程度的決心。相對來說，你將會得到舒適的工作環境做為獎賞。

公告周知對方的騷擾、努力結交辦公室盟友，意味著你可以藉助眾人之力。在這一切水到渠成之前，**請先繼續用開玩笑的方式表達「這是在道德騷擾吧？」、「這樣足以被告囉！」**雖然需要不斷累積努力，才能達到這個案例的效果，但是我覺得十分值得去做。

第5章

不委屈、不吃虧的主動反擊

終於，來到了最後一章。到目前為止，已經為大家具體介紹不爭論、不回嗆，避免衝突的聰明回話，還有不內傷、不引戰，一句話強力回擊的技巧。

在最終章中，我所介紹的精準回話術可以讓大家保護自己，避免受到難以對付的麻煩鬼所傷害。

基本立場與前文提過的一樣，**這是保護自己不受到傷害的防禦技巧，目的並不是要主動引戰或吵贏對方。**

話雖如此，遇到有人無緣無故指責你，或是在眾人面前侮辱你讓你難堪，甚至無禮地侵犯你的隱私……**遇到這種不識相的人時，有時你也必須主動做出有力的反擊。**

在本章節中，就會提到這樣的做法，請大家一定要學會，好好保護自己免於受到職場討厭鬼的傷害。

案例1

被籠統的指責、要求改進，卻沒解釋理由

不管在哪一個工作環境，都會有一種討人厭的上司，假裝在教你，但講出口的話超難聽，或是做出騷擾行為。

他們不會好好解釋哪裡有問題，只會不分青紅皂白破口大罵，一再地指責、要求你重做一次……你是不是也深有所感呢？

他們喜歡以指導為名義，嚴厲責備下屬，再觀察他們的反應。從表面上來看，很難區分上司是在指導或是騷擾，所以有不少例子都需要一段時間才會發現問題。

對付這種陰險的上司，我要告訴大家一個能有效化解的方法。

【實例】

H先生是G先生同部門的前輩，比他早五年進公司，負責帶他；但是，G先生對H先生的指導方式感到很困擾。

H先生經常對G先生說：「你的報告在寫什麼東西？完全不能用。」

或是「你必須再整理得完整一點，不然我們會很傷腦筋」。

不過，他並沒有打算具體指出哪裡不對；G先生總是很困惑，因為他完全不知道原因，根本無法修正。

主動反擊

以誠懇的提問要求講出具體的內容

令人意外的是，像H先生這種不會說明原因、指出到底哪裡做不好，只會單方面指責對方的上司，其實並不在少數。

正如大家所見，H先生是典型的自我中心類型，希望事情照自己的意思去做。對下屬的控制欲也很強，往往是個完美主義者，試圖透過單方面批評「你就是做不好」，來強調自己的優越感。

這種類型的人，只會重複抽象且情緒化的指責，不但無意教導對方，而且絲毫不想提升對方的能力。在案例中，對於H先生無理的指責，G先生思前想後，決定直接要求H先生給他具體的指示。

讓討厭鬼自己露出馬腳的高級回話技巧

面對H先生說「完全不能用」或是「這裡不行」的指責，他先肯定對方的說法，「你的看法完全沒錯」，接著再好好地請教對方：

「你認為具體來說，哪些部分派不上用場呢？」

「可以麻煩你具體說明理由，告訴我為什麼不行嗎？」

這個方法很有用，學會之後就能在許多情況下應用。**這是一種高階的技巧，藉由請對方提出具體的指示，卻是在暗指他的觀點模稜兩可。**聽到這句話的人，將被迫明確地提出你做不好的原因。如果他做不到的話，便證明這是情緒化的騷擾行為。

從表面上來看，你就像一個認真的下屬，幹勁十足地聆聽著上司的指示，想辦法要滿足上司的要求，因此你能夠有效地反駁對方。

不出所料，H先生面對G先生的提問卻支支吾吾，只能丟下一句：「這種事情，你自己好好想想看！」根本無法正面回答具體哪裡有問題。

在部門裡，大家也逐漸發現H先生會情緒化地指責G先生，對H先生失去了信任。之後，負責指導G先生的人就換成其他前輩了。

在這裡教大家要促使對方提出明確的說法，問出具體的做法是什麼，或是具體來說是指哪個部分，其實這種提問技巧，在法律界很常見。

舉例來說，即使在請求損害賠償時，除非對方具體表示「損害是什麼」，否則無法進行抗辯。如果你用了抽象的說明方式，法官一定會立即警告你：「請具體說明（指示）損害的情況。」

現在你應該能夠了解，提出具體的主張有多麼重要了。

案例2

在衆人面前受到責罵，覺得好丟臉

在職場上，也會有一些壞心的討厭鬼，故意在大庭廣眾罵人或侮辱人，讓對方難堪。我也曾經遇過業績不佳時，被人當眾批評、斥責，這真的是一件很難受的事。

將當眾罵人或侮辱人當作是一種激勵，用這種看似合理的說法將下屬逼到絕境的上司，真的到處都是。

遇到這種困境時，以下是非常好的應對方法。

【實例】

I先生是一名業務人員，進公司已經第三年了。薪資是採「底薪＋抽成制」，每個月都會有基本工資。

最近因為不景氣的關係，所以常常一件合約都沒簽到；I先生這個月也沒有簽下任何合約，上司J先生對著I先生狠狠地罵了一頓：「你這樣根本就是累死其他人！」

I先生真的很想做些什麼，可是心情上雖然焦急，卻拿不出任何成果。

終於到了月底的結帳日。I先生的業績還是掛零。他心想至少要想辦法拿到一份合約，於是試著去拜訪了客戶，卻還是空手而回，失望地回到公司。

就在那個時候，J先生當著其他員工的面，大聲斥責I先生：「你還有沒有心要做？」

面對一個會道德騷擾的上司，像這樣在眾目睽睽下罵人、讓下屬難堪時，該如何因應才好呢？

主動反擊

深呼吸，低調地表達自己的感受就好

在大庭廣眾罵人、想讓下屬難堪的J先生，是一個十分典型會道德騷擾的上司。向對方抗議的其中一種方式，就是直接回擊：「你現在說的話，就是在騷擾！」

但很現實的問題是，也有很多人都像I先生一樣，在自己工作確實表現不佳的情況下，心理上恐怕不願意告發上司的道德騷擾行為。在這種時候，有效的主動反擊方式，就是將自己的感受告訴對方：

「老實說，在大家面前被你大罵，我感到很震驚。」

「我已經很努力在工作了，但是聽到你問我還有沒有心要做，實在很難過。」

當自己因為未達成的工作而感到內疚時，很難正面提出抗議，用這個方法倒是可以讓你低調地反擊。要特別小心的，就是當你在眾目睽睽下被人訓斥時，**千萬不要忍不住生氣並回嘴**，那可是大錯特錯。

因為對於不太了解情況的同事來說，他們恐怕會覺得你連工作都做不好，就只有回嘴時不會輸人！

不讓事態升級、又能表達立場的低調回擊

遇到上司當眾指責、說了一些不合理的話時，忍不住生氣之後，總是會想提出自己的說法來反擊。這種時候，有些人會透過電子郵件或LINE，長篇大論堅持自己的論點。

然而，電子郵件或LINE可以保留很長一段時間，而且用長篇大論寫下反駁意見，只會讓對方更生氣。在最壞的情況下，可能會導致無法挽回的局面。

在這種時候，我會拚命忍住想說的話，單純將自己的感受表現出來，告訴對方：「我很難過聽到你這麼說。」真的很想反駁對方的時候，請你稍待片刻，先冷靜一下再說。

這種只須代表達出感受的回應技巧，**可以避免出言反駁後導致情況變得不可收拾，同時也內含低調抗議的意思**，表示自己不一定認同。這個技巧在各種情況下都能運用，所以請大家一定要學起來。

案例3

事實未經查證，便單方面遭到抹黑、指責

事實未經查證，便單方面指責人的上司；忘記交代過的事項，卻斥責按照指示做事的下屬……這些狀況，你是不是也深有所感？

上司忘記自己交代過的事情，這是他的錯，儘管如此，相信很多人都曾經被理由伯類型的上司痛苦折磨過，他們會堅稱自己沒有錯，而且千錯萬錯，都是別人的錯。

如果遇到這種上司，最明智的做法就是要在事情沒有變得太複雜之前，盡快解決問題。只不過，有時事情並沒有這麼簡單。接著我要為大家介紹一

個在這種情況下很有效的精準回話術。

【實例】

K先生被派去負責新開發的大客戶L公司，他一向是個有責任感的人，因其嚴謹的工作態度而備受好評。

這次K先生也一直和L公司的負責人保持聯繫，但是星期一才剛到公司，就被上司M先生叫過去，跟他說L公司提出了客訴。M先生根本不打算聽K先生的說法，氣勢洶洶地追問：

「L公司會因為你的關係而拒絕合作！」

「你打算怎麼辦？你要怎麼負責？」

K先生根本沒聽說L公司提出了怎樣的客訴。面對怒氣衝天的上司，一瞬間不知該如何回答的K先生，總之先深吸了一口氣，努力讓自己的心情冷靜下來。

如果你陷入了這樣的困境，該如何擺脫才好呢？

主動反擊

一一提問狀況並筆記，施展無聲的壓力

當上司大發雷霆且怒不可遏時，儘管不是自己的錯，但是許多人還是會先承認錯誤並低頭道歉。**不過，請你別再因為不記得的事情胡亂道歉了。**

這時候，你要讓心情平靜下來，先查證事實才是最要緊的事；讓上司知道你該做的全都做了，藉此證明自己的清白。當時K先生回應的方法，非常值得大家參考。

不只記錄內容，也表達一種態度

「我想確認一下這整件事，請問你能具體告訴我對方投訴的內容嗎？」

說完這句話後，K先生打開了記事本，向他的上司M先生提出了一個又一個問題——

「L公司的客訴是在幾點收到的呢？」

——客服部好像是在今天九點整就接到了客訴電話。

「這麼說，L公司是一上班就馬上打電話過來了嗎？」

——他們應該一直在等上班時間到吧？

「所以說，問題可能是在上週五晚上或是在週末發生的吧？」

K先生就像這樣，**一一向上司提問，並將每一個回答寫在筆記本上**，這其實是一個非常重要的動作。無須再多強調做筆記的重要性，筆記能整理思緒，喚起你的記憶，以後也能當作證據派上用場。

在法庭上，有時候常遇到委託人告訴我，可提出的證物只有一份筆記，結果這份筆記竟成為決定勝敗的重要證據！當你受到無理的挑釁時，「做筆記」這個動作，有時也會成為保護你的強大工具。

當K先生打開筆記本，表現出自己在做筆記後，上司M先生便無法隨便批評他，不得不謹慎回應了；**K先生這個動作雖然不起眼，卻是在施加無聲的壓力，告訴對方「我會好好確認事實」以及「我都有仔細記錄下來」**。

後來K先生確認了整件事的經過，釐清自己並無過錯，原因是L公司的負責人遺漏了K先生的電子郵件。原本客訴的內容，只是L公司詢問為什麼還沒收到估價單，而沒收到的原因，其實是L公司的負責人不小心遺漏了K先生寄出的電子郵件。

當初除了寄出電子郵件之外，K先生還打了電話給對方負責人。但是當時負責人不在，所以K先生也特地留言給他，不過後來卻發現，對方連那條留言也沒有收到。

K先生向L公司負責人的上司解釋來龍去脈之後，對方十分緊張表示是自家公司的負責人失職，並深感抱歉。

最後，K先生成功洗清自己的名聲，釐清了上司的質疑，並且無損商業夥伴的信任。打開記事本做筆記，肯定能夠保護你自己。

案例4

上司總是厚著臉皮搶功勞

明明從準備工作到事前溝通，全都是靠你的努力才會成功，然而不幸的是，很多上司向上級主管報告時，都會把功勞歸到自己身上，擺明了搶功勞。

很遺憾的，這個世界上就是會有這種爭功諉過的惡劣上司，多數都是狂刷存在感類型，希望別人多誇獎，強烈渴望得到認同。

只要你待在這樣的上司底下，付出的努力有可能永遠見不到天日……究竟該如何是好呢？

【實例】

主動反擊

用輕鬆的口吻說「欠我一次」

N先生的上司O先生，是一個典型會搶下屬功勞的討厭鬼上司。

N先生獨力開發了新的商業夥伴，O先生並沒有提供任何協助，只在最後簽約時同行，但最後向上級報告時，卻說的像是他有多賣力開發了新的合作對象一樣。

而且，只要他認為是特別好的客戶，有時也會用半強迫的方式讓自己改任為負責人，不管先前是否由N先生在負責。

從某方面來說，O先生搶功勞的行徑做得十分徹底，完全就是靠這種手段才能一步步往上爬。

站在N先生的角度，每次O先生都這樣搶功的話，真的很難感受到工作樂趣；因此，他想出了「一句話提醒」的方法。

直接公然反擊身為上司的O先生，要他別再搶功勞，並不是一個好方法。在這種情況下，**關鍵是要用開玩笑般的輕鬆語氣，絕對不可以對上司表現出敵意**，像是：「你欠我一次喔！」、「下次你要請我喔！」、「我可不會忘記喔！」

像這樣用一派輕鬆的口吻，但確實地輕聲提醒對方。

無法直接討回來，但也別讓他好過！

雖然語氣輕鬆，像是在開玩笑一樣，但是這句話當中的真正含意是：**「我不會永遠默不作聲，我會記住的，不要真的把我看扁了！」**

讓對方知道，你會嚴肅看待功勞被搶這件事；透過這樣的玩笑般的一句話提醒，給O先生造成無聲的壓力。

O先生聽到N先生這麼說之後，原本還一直裝作聽不懂，但N先生依舊笑笑地回他：「你又來了，請你別再裝作不知道囉！」後來，O先生便沒有再反駁了。

O先生自己心裡也十分清楚，自己正在將N先生的功勞據為己有。當N先生用看似玩笑般的一句提醒，表達自己不會永遠默不作聲之後，O先生也稍微感受到壓力。自此以後，他開始會偶爾請客，也會把很好的案子轉手給N先生。

對付這種會搶人功勞的麻煩上司時，用這種表面上是玩笑、實則提醒對方別裝傻的一句話反擊，會相當有效果。

當你向對方表達自己不會永遠默不作聲、別看扁你之後，這句看似輕鬆的玩笑話就會發揮制止力，避免上司為所欲為。**火力全開的追根究柢，未必能達到你要的效果**，不如用這種表面笑笑的一句話提醒，讓上司心裡有數吧！

案例5

當上司硬是讓自己背了黑鍋

相信不少人都曾經發生過，上司或前輩強迫你背黑鍋吧？有些人是明顯知道自己被迫背鍋，有些人則是突然發現變成是自己的錯而震驚不已。

在這個世界上，有一種人就算把錯推給別人也毫不在意，完全不會有罪惡感；被這種人強迫背黑鍋的話，一定叫人很生氣。

遇到這種情況，你就不該忍氣吞聲，應該堅定地抗議才對。這個案例就來為大家介紹，該如何強力地反擊回去！

主動反擊

如果有證據，這種時候就是直接回嗆！

【實例】

C先生的上司D先生，是如同前面案例（4）中出現過的那種最糟糕的上司，也就是「功勞歸自己，失敗歸下屬」。

C先生會像念咒一樣提醒自己，要忍耐到D先生調職為止，然後勉強自己完成每天的工作，但是後來發生了一件讓他再也無法忍受的事情。

D先生在處理大客戶的工作時犯了錯，遭到高層主管嚴厲訓斥，沒想到他竟然試圖將所有責任推到C先生身上。

C先生對卑劣的D先生深感憤怒，決定收集證據為自己澄清，並且直接寄電子郵件給總經理解釋，以證明自己的清白。

以上司的角度，聽到哪一句話會感到震驚呢？C先生對爭功諉過的上司D先生直接說了這些話——

「D先生，你是不是以為我不會反擊！」

「我絕對不會就這樣算了！」

「我很有毅力，絕對不會放棄澄清，你要有心理準備。」

D先生聽到C先生一連串強硬的回擊，一時間說不出反駁的話，過了一會兒才像是在找藉口般地辯解：「我並沒有打算將過錯推到你身上……」C先生也很直接地回嗆：「你說的話，我感受不到任何誠意。」

後來，D先生大概是想通了，認了是他的過失，並向經理報告了這件事。D先生被降職到鄉下的分公司，C先生則沒有受到處罰，因為他已經證明了自己的清白。

當時D先生聽到C先生一連串堅決的反擊言論之後，臉色一片鐵青，應該是感受到C先生有多認真地要反擊到底。除此之外，以下這些回擊也可以讓試圖推卸責任的上司聽到之後不敢妄動，例如：

「經理，我會直接向負責的高層投訴！」
「我會把所有發生的事情都告訴人事。」
「我會直接找總經理商量。」

對於上班族來說，聽到別人跟你說這次紛爭已有心理準備將上司或人事部牽扯進來，絕對是一個關鍵時刻。

正因為如此，效果才會絕佳，但是這些行為將會十分激進，希望你要釐清你和上司之間的關係，當作最後一招再善加運用。

案例6

頑固的上司堅持自己的意見才是對的

如果有十個人，就會有十種不同的意見，人們的意見就是如此多樣化。當你坦率表達出自己的意見，相對也要尊重他人的意見，大方接受原來還有其他不同的想法。如此一來，職場上的人際關係才會良好，也能進行具建設性的討論。

然而，在這個世界上還是有一些人認為，只有自己的意見才是正確的，並不會退讓。在這個案例中，我將會教大家如何成功應對這種頑固人物的回擊話術。

【實例】

R先生是理組出身，凡事都按邏輯思考，他會說明理由、強調個人觀點的合理性及正確性。

Q先生一開始也聽了R先生邏輯縝密的說明，讓他十分佩服，覺得R先生很聰明，同時也對他相當尊敬。

有一天，Q先生在會議上正好與R先生的意見相左，提出了完全相反的意見。R先生習慣理性思考，因此Q先生認為，即使自己提出反對意見，只要說明理由之後，應該很容易就能讓R先生接受他的說法。

沒想到，當Q先生提出反對意見之後，R先生竟然怒瞪他，直指他的想法完全錯誤，並開始激烈地爭論。

Q先生積極說明了個人觀點的合理性，但是R先生根本不想認同。最後，身為前輩的R先生所提出的意見被採納，Q先生悶悶不樂地離開了會議室。

Q先生對R先生一直以來的看法完全改觀，同時為了在接下來的會議上，讓自己的意見可以被認同，迫切需要對R先生採取因應措施。

主動反擊

先有條件地認同對方，再委婉提自己的想法

R先生結合了多種討厭鬼類型，包含堅持自己沒有錯的理由伯類型，加上希望事情照自己的意思去做的自我中心類型，以及希望別人多認同自己的狂刷存在感類型；說不定，可能還是深信自己完美無缺的完美主義者。

總之，R先生就是那種既固執又麻煩的類型。無論如何積極地向R先生解釋理由，都是徒勞無功，讀到這裡的人，應該都已經心知肚明了。

應付這種頑固的人，**你要做的第一件事就是認同對方，解釋理由是接下來才必須做的事。**當然，責備對方這類的行為實屬大忌，如果你這麼做的話，一定會遭遇猛烈反擊。

關鍵在滿足對方想被認同的心情

以這個例子來說，首先最重要的回應，就是要他感覺你站在他的角度來看，有條件地認同：

「從R先生的角度來看，確實是如此。」

「如果是站在R先生的立場……我想我也會有相同的看法。」

「根據R先生的論點，當然會得到這樣的結論。」

諸如此類，首先要表明理解R先生的意見及想法，這麼做才會有效果。

儘管是站在對方的角度來看，有條件地認同他的觀點，不過R先生的自尊心

卻會因此得到滿足，這就是面對這種人需要多下的功夫。

接下來，你再試著委婉地表達自己的意見：

「另一方面，我認為○○的做法也可以考慮一下。」

「我覺得○○這個想法也滿有意思的……。」

「從不同的角度來看的話，我覺得這麼做也是可行的。」

關鍵就是要委婉並若無其事地加入你的意見，自從Q先生多下了這道滿足R先生自尊的功夫之後，R先生便不再不分青紅皂白地否決他的意見，也不會敵視他，大家能夠和諧地開會了。

最後，Q先生的意見幾乎都有通過，但在會議過程中，卻給人一種像是R先生在提出意見的感覺，於是R先生心滿意足地離開了會議室。

俗話說「輸就是贏」，最終Q先生的個人意見通過了，所以會議結束後並沒有悶悶不樂。他反而還覺得鬆了一口氣，心想終於找到對付R先生的方法了。

不過，如果你想小小報復一下的話，也可以試著稍微帶刺地這樣回：「事情就像你說的一樣。這樣心情有好一點了嗎？」

這種先有條件地認同對方的方法非常有用，你可以順利表達自己的意見，卻不會與周圍的人產生摩擦。

案例7

愛發牢騷和喜歡展現優越感的同事

有的人會來跟你說上司或前輩的壞話，並希望能得到你的認同；有的人一開口，就是抱怨連連；有的人非得展現優越感不可，否則不會罷休……。

在這個案例當中要介紹給大家的，就是遇到這種令人傷腦筋的同事時，可以巧妙閃避麻煩對話的回應。這個反擊技巧在許多情況下都能派上用場，十分有用。

【實例】說人壞話時，會尋求他人認同的麻煩同事

相信在公司有不少同事，會來跟你抱怨上司或其他同事。「你也這樣覺得對不對？」當他突然轉過頭回過頭來尋求你的認同時，看著當下的氣氛，隨口同意「沒錯、對啊」，其實是很危險的！

日後，你可能會被人視為一起背地裡說人壞話的同夥，在最壞的情況下，你甚至可能會被當成說人壞話的源頭。

但是，如果當下你實話實說，認為沒這回事，或是表達最好不要背地裡說別人壞話，恐怕下次被同事私底下抱怨的對象，就會變成你了。

在這種情況下，迅速轉移話題的主動出擊，才能有效因應；這對於一開口就愛抱怨的人，也十分有效。

主動反擊

用「是說啊～」立刻巧妙地轉移話題

「是說啊」用於轉移話題，是相當有用的。即使打斷了對方的談話，還是可以順利地轉移話題，而且被強迫改變話題後，對方並不會感到不高興。

正在說人壞話的一方，聽到「是說啊」一詞之後，往往不得不結束方才的話題，轉向新的話題，但卻不會感到被冒犯了。

實際應用時，我認為在「是說啊」之後，還可以加上「我想換個話題」。舉例來說，在公司裡遇到別人來跟你說上司或同事的壞話時，你可以這樣回：

「我和〇〇沒說過幾句話……。是說，今天的新聞有說到……。」

「我對◇◇不太了解。是說啊，我正好想到一件事……。」

「是說，明天的天氣是……。」

諸如此類，假裝你想到了一個完全不相關的話題，讓對方轉移注意力到這個話題上。**我推薦不會有所冒犯、對方也可以立刻接上的話題，例如早上**

看過的新聞、天氣的事、長假計畫等等。

如果你的這些努力都是白費力氣，對方又再次回到說壞話的話題時，就請你若無其事地離開現場吧！在職場上，不要說人壞話才是明智的做法。

「是說啊」一詞，也可以用來打斷總是愛抱怨的同事，請大家一定要試試看。

【實例】愛炫耀學歷、年收、子女的麻煩同事

當工作環境中有人試圖展現優越感，總是炫耀著「我先生是○大的」、「年收是……」、「我家小孩念的學校是……」時，會讓人很頭疼。

如果是聊自己的事就罷了，但是聽到對方在炫耀自己丈夫或孩子的事情時，就會讓人很痛苦。一次就算了，要是時不時就聽到對方來跟你炫耀的話，真的會打從心底覺得厭煩。

只要是老愛自吹自擂的人，其實內心都有某些不滿或壓力。而且，他們還會出於嫉妒，因而十分在意別人的觀感。

即使這位同事乍看之下是個高格調又很幸福的人，但是光憑一部份的情況來看，根本看不出這個人的家庭是否真的和睦或幸福。事實上，他可能夫妻感情不佳，家庭處於破裂的狀態──身為一名律師，這樣的案例我已經見過太多了。

對於一個會來向你炫耀配偶的學歷、公司、年收等各方面的人，你該如何反擊呢？

主動反擊

先中斷炫耀，再馬上切換話題

如果像這個例子，當同事炫耀家人、而你根本不想聽的時候，用「好好喔～」的句型中斷話題：「好好喔～我們家的優點就只有感情還算好，你們家真是讓人羨慕。」

說完之後，就趕快轉移話題，試著用前面提過的「是說啊」一詞，巧妙地轉移。**重點在於要馬上切換話題，不要讓對方繼續炫耀下去。**

實際運用時，你可以試著直接點出對方的心態，稍加諷刺地說：「你在炫耀嗎？」、「看來你很有自信呢！」或是反過來，認真地提問：「你不要一直講家人啦，我想聽你自己的事。」

也推薦大家以建議之名行挖苦之實：「吼～你透露太多了，有些人會嫉妒，要小心一點喔。」

各位也可以想想，如何反擊愛炫耀的同事，例如：「你真的很敢講耶！」、「常被人稱讚，不是件好事嗎？」

案例8 以擔心之名，行挑撥之實

有些壞心眼的人，會刻意來挑起你不愉快的心情——

「課長說跟你很難溝通，你沒事吧？」

「你已經落後同期的人了，真擔心你會不會被後輩超越……」

常常會有這種討厭的同事，像這樣假裝在擔心，實際上在挑撥是非。這種時候，你沒必要花時間聽對方說話。

有一種主動反擊的回話技巧，可以提前結束對話，算是前一個案例中「轉移話題」的應用版本。這是一種很有用的回話技巧，就算對方說的內容讓你火大，也可以在不內傷、不引起紛爭的情況下，輕鬆閃避討厭鬼的惡意。

【實例】

U先生對出人頭地不太感興趣，勉強在父母朋友的關係下進入一家上市公司工作，被分配到管理員工保險的部門。

由於工作並不忙，因此U先生每天都是準時下班。對於他來說，能夠領到不錯的薪資，還能將時間花在自己喜歡的嗜好上，每天都過得十分充實。

有一天，同期友人舉辦了久違的聚會，U先生也出席了，但是他卻聽到坐在旁邊的V先生說了一些令人火大的話。

V先生隸屬於總公司的業務部。他偶爾會在酒吧遇到U先生的上司一起喝一杯，所以從這位上司那裡聽到了一些事情。

「你的課長跟我抱怨到你。他說你工作要更努力一點，還有怎麼你最年輕卻是第一個準時下班？不知道你有沒有心在工作？」「他說你再這樣下去，就要將你降職。」

U先生突然聽到他從來沒聽過的消息，他並不打算在公司往上爬，而且老實說，他從來不知道上司對自己的看法如何。就算被調職到鄉下去，只要能繼續從事喜歡的嗜好，他也不會覺得不好。

然而，既然上司會在同期的同事面前說自己的壞話，也讓他對上司的人格感到質疑，多少會對今後的工作造成影響。雖然想要直接和上司確認，但也可能是V先生藉酒裝瘋才會胡說八道。

遇到這樣的情況，U先生該怎麼辦才好呢？

主動反擊

直接表示：謝謝建議，不必費心！

U先生雖然有些心煩，但是他決定，不要再繼續聽V先生說三道四了。於是，他堅定地對V先生說：「謝謝你的建議，不過這是我的個人問題！」接著就結束了對話。

V先生果不其然一臉惱怒的樣子，但也沒有再繼續說下去，談話便到此結束。

幾天後，U先生決定直接去問上司：「我聽同期的V說了，如果我有哪裡做不好，希望能改進，可以請你直接告訴我嗎？」

直接問上司的決定非常正確，上司也給了他一些工作上的建議。而V先生說的話，其實有些是經過加油添醋了。

像這樣遇到令人不悅的話題，或是被迫聽一些片面之詞時，最好盡快結束對話。花時間聽對方講完，不但會讓人不開心，反駁後引發紛爭也是在浪費時間。

V先生可能有一半是在開U先生的玩笑，然而，這一切一定是起因於嫉妒的心情，他應該是看不慣每天都過得很充實的U先生。

這個立刻結束對話的主動反擊，和前面提過的「轉移話題」技巧，都十分有效果。以下是幾個我經常用來結束對話的說法，提供給大家做為參考——

「我沒有徵求任何人的意見，所以請你不必費心……」

「你的想法和我完全相反，所以可能無法繼續談下去了。」

「這只是你的意見（看法）對吧？請你不必擔心。」

「我不想再和你討論這個問題了。」

雖然有些話聽起來很嚴厲，但是想要將壞心眼的人拒之門外，說這些話並不會有任何問題。

你只要斬釘截鐵地說完「結束對話宣言」之後，不管對方再說些什麼，都不要理他。即使是再難纏的討厭鬼，應該也會知難而退。

案例 9

個人隱私被不熟的同事直接侵犯！

在職場上，最好不要太公開地透露個人資訊。即便是相同的消息，有人卻會用不同的方式加以解讀，所以可能會引起嫉妒，造成一些危險。

在職場上公開個人資訊百害而無一利，這句話可說一點也不為過，個人資訊最好只能跟你真正值得信任的人分享。

如果你在職場上和某人根本不熟，對方卻直接侵犯你的隱私時，該如何因應才好呢？接下來的案例會教大家，在這種情況下該如何好好應對。

【實例】

W小姐在一家金融相關公司擔任全職員工，她在婚後育有二子，當孩子們上了小學不再需要費心照顧後，她就和先生離婚了。後來她返回職場，全心投入在工作。

她覺得工作很有意義，今年又展開了新的職務，每天都過得十分充實。

後來有一名派遣員工X小姐，被分配到W小姐的部門。X小姐也是單親媽媽，育有一子。

起初W小姐對於X小姐並沒有特別在意，有一天，X小姐參加了部門舉辦的聚餐，當時X小姐就坐在W小姐旁邊。X小姐張著閃閃發亮的眼睛，對W小姐說：「你是我十分崇拜的女性！很榮幸能和你一起工作！」

W小姐聽了X小姐說的話之後，老實說不開心是騙人的。雖然

W小姐感覺這是奉承話，不過也許是多少喝了些酒的關係，對X小姐便不自覺地卸下心防。

當X小姐得知W小姐是單親媽媽後，很高興自己也和對方一樣，接著她還連珠炮似地追問她「有男朋友嗎？」、「孩子上哪一間學校？」等等。

隔天早上，W小姐回想起昨天發生的事後認真反省，面對幾乎是初次見面的X小姐看似不禮貌的問題，她其實沒必要過分老實地回答到如此地步。

後來，W小姐發現X小姐將她們的合照上傳到了社群媒體，還發了以下的內文：「我找到單親媽媽朋友了！和離婚的優秀單身上司W小姐在〇〇一起聚餐，感動到熱淚盈眶！」

W小姐看到X小姐的發文後，感到非常震驚！居然沒有事先打聲招呼，便擅自將聚餐照片上傳到社群媒體……而且還提到「單親媽媽」和「離婚」這些個人資訊！

W小姐看到照片裡自己是一臉微醺，而坐在一旁的X小姐卻是若無其事的樣子，這讓W小姐隱隱察覺到X小姐對她不懷好意，也對這個人感到毛骨悚然。

主動反擊

問對方「你這麼關心我嗎？」岔開話題

W小姐在X小姐的巧舌如簧下，不知不覺分享了太多的個人資訊。也許X小姐真的很高興能認識自己很崇拜的W小姐，才會上傳一起聚餐的照片。

只不過，如果你的工作環境中有類似X小姐這樣的人，明明跟你不熟卻直接侵犯到個人隱私的話，基本上你最好要保持神祕，避免洩露太多個人的資訊。

X小姐很有可能是愛比較類型，而且私底下想和W小姐一爭高下。越接近一個崇拜、羨慕的人，這個人越有可能成為嫉妒的對象。

此外，如果對方是一個謹慎的人，就會事先來徵得上傳照片的同意，未經許可便擅自公開合照的人，真的要特別小心。

當你不回答私人問題的時候，這種人就會反過來酸你：「○○都不講自己的事情，搞神祕呢！」

一旦讓這種人心情不好，難保他們不會在網路上出現誹謗中傷的行為。這時候，你可以做的就是跟對方說：「唉呀，你這麼關心我嗎？」用開玩笑的方式岔開話題即可。另外，也可以像這樣斷然拒絕：「再說下去便涉及商業機密了。」、「現在流行公開個人資訊嗎？」

想在職場上擁有良好的人際關係，祕訣就是和公司裡的人保持適當的距離。最好要讓工作環境與私生活劃清界限，營造出一種在職場上不回答私人問題的氛圍。

富能量 105

面對職場討厭鬼的精準回話術

不委屈、不引戰，不留話柄又解氣的最佳臨場反應

作　　者：後藤千繪
譯　　者：蔡麗蓉
責任編輯：賴秉薇
編輯協力：林映華
封面設計：木木 LIN
內文設計、排版：王氏研創藝術有限公司

總 編 輯：林麗文
主　　編：高佩琳、賴秉薇、蕭歆儀、林宥彤
執行編輯：林靜莉
行銷總監：祝子慧
行銷企畫：林彥伶

出　　版：幸福文化／
　　　　　遠足文化事業股份有限公司
地　　址：231 新北市新店區民權路
　　　　　108-3 號 8 樓
網　　址：https://www.facebook.com/
　　　　　happinessbookrep/
電　　話：（02）2218-1417
傳　　真：（02）2218-8057

發　　行：遠足文化事業股份有限公司
　　　　　（讀書共和國出版集團）
地　　址：231 新北市新店區民權路
　　　　　108-2 號 9 樓
電　　話：（02）2218-1417
傳　　真：（02）2218-8057
電　　郵：service@bookrep.com.tw
郵撥帳號：19504465
客服電話：0800-221-029
網　　址：www.bookrep.com.tw

法律顧問：華洋法律事務所　蘇文生律師
印　　刷：中原造像股份有限公司
電　　話：（02）2226-9120

初版一刷：2024 年 7 月
定　　價：380 元

Printed in Taiwan

面對職場討厭鬼的精準回話術：不委屈、不引戰，不留話柄又解氣的最佳臨場反應／後藤千繪著 ; 蔡麗蓉譯 . -- 初版 . -- 新北市：幸福文化出版：遠足文化事業股份有限公司發行，2024.06 面；公分 . –
ISBN 978-626-7427-89-7(平裝)
1.CST: 傳播心理學 2.CST: 職場成功法
177.1　　　　　　　113009164
